Joseph von Sartori

Geschichte der Stadt Donauwörth aus Reichs- und Kreishandlungen

Joseph von Sartori

Geschichte der Stadt Donauwörth aus Reichs- und Kreishandlungen

ISBN/EAN: 9783743446434

Hergestellt in Europa, USA, Kanada, Australien, Japan

Cover: Foto ©ninafisch / pixelio.de

Manufactured and distributed by brebook publishing software (www.brebook.com)

Joseph von Sartori

Geschichte der Stadt Donauwörth aus Reichs- und Kreishandlungen

Geschichte der Stadt Donauwörth,

aus
Reichs- und Craißhandlungen,
dann tüchtigen
Urkunden,

verfaßt von
Jos. Edlen von Sartori,
Hochfürstlich- Ellwangischen Hof- und Regierungsrath ꝛc.

Frankfurt am Mayn 1779.

Vorrede.

Ich habe bereits meine wenige Nebenstunden zu allerley Abhandlungen des deutschen, fürnehmlich aber zu Beleuchtung des reichsstättischen Staatsrechts 1) verwendet, und hiebey wahrgenommen, daß das Publicum von verschiedenen Städten, sowohl ihrer äusserlichen als innerchen Verfassung halber nicht gänzlich belehret seye.

Die Stadt Donauwörth ist zwar, so lang sie sich unter herzogl. bayerischer Landshoheit befindet, unter der Zahl der Reichsstädten nicht begriffen; entzwischen, da Sie gegenwärtig noch auf dem Craißtag unter den schwäbischen Reichsstädten aufgeruffen, auch zu dem Reich in der Qualität einer Reichsstadt von dem Hauß Bayern vertretten wird, so hat Selbe wegen der allenfalls noch anhoffenden Restitution einen begründeten Anspruch, aus dem Register der Reichsstädten nicht vollkommen belassen zu werden.

Wann

---

1) Meine auserlesene Beyträge in reichsstättischen Sachen, I. und II. Theil, nebst Suplement in 4. 1777. 1778. 1779.

Vorrede.

Wann man Sie auch nur als eine herzoglich-bayerische Pfandstadt betrachtet, so sind doch die unterschiedliche Veränderungen, welche sowohl zu Anfang des vorigen, und jetzigen Jahrhunderts mit ihr vorgegangen, für ein nicht unwichtiges Fragment unsers deutschen Staatsrecht anzusehen, und einer geschichtsmäßigen Erzählung um so würdiger, als bereits von verschiedenen Städten Geschichten und Staatsrechten geliefert worden.

Das Publicum verehret vorzüglich eine Geschichte der Reichsstadt Augspurg, um welche sich Paul von Stetten [2] bey der Nachwelt einen unvergeßlichen Verdienst erworben. Von der Reichsstadt Worms hat Moritz [3] eine diplomatische Geschichte geschrieben, und die Grundlage zu diesem nützlichen Unternehmen kann man billig dem Herrn Staatsrath Moser [4] zuschreiben, welcher unter andern das Staatsrecht der Reichsstadt Aachen, dann der Reichsstadt Zell am Hammersbach, nebst mehrern dergleichen Arbeiten vor die Hand genommen.

Es

---

[2] Geschichte der Reichsstadt Augspurg, aus bewährten Jahrbüchern und tüchtigen Urkunden gezogen. Frankfurt und Leipzig 1743.

[3] Historisch-diplomatische Abhandlung, vom Ursprung der Reichsstädte, insonderheit von der allezeit unmittelbahren, und weder unter Herzoglich- und Gräflicher, noch unter Bischöflicher und weltlicher Jurisdiction jemals gestandenen freyen Reichsstadt Worms, denen offenbahren Irrthümern und Zudringlichkeiten des Schannats in seiner Bischöflich-Wormsischen Historie entgegen gestellt. Frankfurt und Leipzig 1756.

[4] Die heutige Staatsverfassung der Stände des deutschen Reichs — oder Sammlung des besonderen Staatsrecht — der Reichsstadt Aachen, und der Reichsstadt Zell am Hammersbach. Leipzig 1745.

Vorrede.

Es ist würklich meine Absicht nicht, von der Stadt Donauwörth eine Chronick zu entwerfen, sondern nur zum Theil aus sicheren 5) und bewährten Urkunden 6) die Staatsveränderungen, und merkwürdige Vorfallenheiten zu Kriegs- und Friedenszeiten, ihrer Verhältniß zu Zeiten der Reformation, den Achtsproceß, und erlittenen Verlust ihrer Reichsohnmittelbarkeit, mit andern dahin einschlagenden Bemerkungen anzuführen. Um den Ursprung und Wachsthum deren kleinern Städten bekümmern sich Kennere des Staatsrechts ohnehin nicht sonderlich, weilen die erlittenen Veränderungen derselben selten einen merklichen Zusammenhang mit dem deutschen Staatswesen haben.

Ich hätte noch manches von der chronologischen Geschichte der Stadt Donauwörth zusammen tragen können, wann es einen sonderbahren Nutzen, und mit der Verfassung dieser Stadt eine nothwendige Verbindung würde gehabt haben.

Es ist zum Beyspiel in dem daselbst befindlichen ansehnlichen Gotteshauß zum heil. Creutz die zerstöhrte Grabstatt der Maria von Braband, einer Gemahlin Herzogs Ludwigs aus Bayern, zu bemerken, woran die Innschrift zu lesen: Anno Domini M.

)(3

5) Georg Edler von Sartori, kaiserl. Reichshofrath ꝛc. hatte als ehmahliger Consulent der Stadt Donauwörth die Ehre, auf dem schwäbischen Craißtag zu Memmingen anno 1705. dieselbe nach beschehener Restitution das erstemahl zu vertretten, und zu introduciren, mithin konnten von diesem, als des Verfassers Großvatern, die sicherste, die Stadt Donauwörth betreffende Nachrichten, hinterlassen werden.

6) Archivalurkunden, dann die in Actis publicis befindliche Beweise sind ohnehin keinem Zweifel ausgesetzt, worüber insonderheit Londerps Continuat. I. Th. II. Buch §. XXXI. p. 99. ꝛc. nachzusehen.

Vorrede.

M. C. C. L. VI. xv. Kal. Februarii in Castro Werdensi obiit Domina Maria Ducissa Bavariæ filia Ducis de Braband. 7)

In den Oettingischen Materialien 8) wird unter anderen von einem Lehenbrief Burggrafen Friederichs zu Nürnberg de Kadelsburch IX. Kal. Jan. 1270. Meldung gethan, worinnen derselbe die Herren Herrmann und Siegfried, genannt die Ebner zu Nürnberg, mit einem Burglehen in dem Dorf Wörd 9) belehnt.

Es kommt unter anderen in eben denen Oettingischen Urkunden der Versatzbrief Kaiser Ludwigs vor, 10) in welchem Er Graf Ludwig dem alten von Oettingen anno 1331. in Augusta feria secunda post lucem Regni nostri anno 17. Imperii vero 4to die Städte-Steur zu Werde vor 26. Pfund Heller verschrieben.

Noch)

---

7) Hierarchia Augustana Part. III. Cap. V. p. 251.
8) Materialien zur Oettingischen ältern und neuern Geschichte. Wallerstein 1771. I. Band p. 82.
9) Wann der Verfasser dieser Materialien nicht ein besonders Præjudicium Authoritatis vor sich hätte, könnte man annoch bezweifeln, ob unter dem Dorf Werd ein Lehen der dermahligen Stadt Donauwörth könne verstanden werden; zumahlen Donauwörth schon in dem achten Jahrhundert unter der Benennung einer Stadt vorkommt, wie innerhalb §. 2. des mehreren zu ersehen. Beynebens könnten diese Urkunden auch ein und andere Ellwangische Lehenacten, und selbsten die in dortigen Gegenden unter dem Namen Wörd bekannterm ssen befindliche Dorfschaft etwas verdunkeln; dann eben in dem Ellwangischen Dorf Werd ist ein Hof, so das Burglehn genennt wird.
10) Materialien II. Th. p. 25. Ibid. Kaiser Ludwig empfiehlt von besonder trawnusse, die Er hat zu dem alten Grafen Ludwig von Oettingen, ihme die Stadt Werde, also, daz Er Sie von unsern (des Kaisers) wegen versprechen sol, sow in biz Not wird.

Vorrede.

Noch merkwürdiger könnte gewissermaßen das Protectorium seyn, welches König Sigismund anno 1417. denen Donauwörthern ertheilt, und auf Gr. Ludwig, Grafen zu Oettingen, König Sigismunds Rath, und Friederich Grafen zu Oettingen erkennet, 11) wann die Stadt Donauwörth durch ihren Pfandherren, Pfalzgrafen Ludwig, und Herzogen in Bayern wider ihre Freyheit beschwert und gedrungen würde.

Auf gleiche Weise dürfte zur Donauwörthischen Geschichte der Kaufbrief 12) gezogen werden, vermög dessen Graf Ludwig zu Oettingen der ältere die Burg zu Münster dem Kloster zum heil. Creutz in Donauwörth anno 1365. verkaufet. Nicht weniger wären von den Strittigkeiten der daselbst angesessenen deutschen

---

11) Materialien II. Th. p. 66.

12) Materialien II. Th. p. 47. — An unserer Frauen Lichtmeß Tag, Graf Ludwig zu Oettingen der älter, bekennt, daß Er, mit Gunst seiner Frauen Gemahlin, Margarethen, gebohrnen von Hochenburg, Gräfin zu O. und G. Ludwigs von O. des jüngern, seines lieben Brudern Sohn, sein, u ihr Burg Münster verkauft Ulrichen des Closters zum heil. Creuz in Werde (Donauwörth) für 4000 Pfund Heller, und zu Bürgen gesetzt seine Dienstmänner: Herdegen von Kazenstein, Eberharden von Emenshofen, Gerungen den Schenk von Stein, Eckhardten von Waldkirchen, Ulrichen von Bopfingen, Wilhelmen von Eglingen Rittern, Albrecht Rindsmaul, Degenhardt von Eglingen, Hansen von Zipplingen, Gerungen von Emershoven, Johansen von Ellrichshausen, Vogt zu Hochenburg, und Heinrichen von Altheim, worbey die Aufgab und Verzicht geschehen mit Worten, und Werken, und gelehrten Worten uf des Reichs Strafe (auf welcher in älteren Zeiten alle gültige Verzichte geschehen mußten) als ein Frau Ihr Heimsteur, Morgengab, nach Landsrecht, verzeihen mag.

Vorrede.

deutschen Ordenscomenthur, 13) dann mit der Reichspflege, 14) und anderen Benachbarten, insonderheit mit der Oettingischen Landvogtey, und Pfalz Neuburg vorgefallenen Irrungen, und hierüber errichteten Privatrecessen, Erwähnung zu thun, wann man sich nicht in gewisse Schranken begeben, und eine ausführliche Geschichte dieser Stadt darstellen wollte.

Der Endzweck des gegenwärtigen Unternehmens beruhet lediglich, auf Vorlegung einer Geschichte, in was für einer Verhältniß diese Stadt mit Kaiser und Reich, dann dem Hauß Bayern, in Rucksicht deren daselbst vorgefallenen merkwürdigen Veränderungen, stehe, und in soweit mag auch das Publicum und der Verfasser beruhigt seyn, wann er sich schmeicheln darf, daß die Arbeit dem vorausgesetzten Plan nicht entspreche.

13) Die Reichspflege Wörth hat Kaiser Carl V. 1530. an die Stadt, diese aber 1556. an das gräfliche Hauß Fugger für 6600 Fl. versetzt, von welchem Sie Kaiser Carl VII. durch einen Vertrag an sein Churhauß gelöset hat. Sie begreift vornehmlich 4 Dörfer, unter welchen das Dorf Lauterbach ist, welches vorhin angezeigtermassen der dortigen Comthurey des deutschen Ordens mit dem Gericht, allen Rechten und Nutzungen zuständig ist. Büschings neue Erdbeschreibung 8. Th. p. 1482.

14) Wegen dem Dorf Lauterbach hat der deutsche Orden mit dem Hauß Bayern schon verschiedene Strittigkeiten gehabt, dermahlen sind solche aber durch einen Vertrag beygelegt, vermög dessen das Hauß Bayern alleinig noch den Blutbann zur Reichspflege behauptet. Büsching l. c. p. 1482.

§. I.

§. 1.

Die Entstehung der Stadt Donauwörth ist an sich ein wichtiger Beytrag sowohl zur schwäbischen als bayerischen Geschichte. Die Wißbegierde wird schon begnügt, wann man der sicheren Vermuthung Platz geben will, daß Donauwörth, oder Donauwerd, Donauwert, Thonauwerd, Werd, in latein. Werdea Vertia, Werda Suevica, Werda, Donavertia ihren Namen von der Donau und Werniz erhalten habe, durch welche beyde Flüsse sie zu einer Halbinsel gemacht wird. 1)

Ihren Ursprung soll sie von einer grossen Anzahl Fischers-Häusser, welche an dortigem Gewässer erbauet worden, genommen haben, welches verschiedene Schriftsteller behaupten. 2) Von der eigentlichen Erbauung ist aus einer in dem herzoglich-bayerischen Archiv befindlichen Urkunde so vieles bekannt, daß der Ort und nunmehrige Stadt Donauwörth in dem fünften Jahrhundert schon gestanden; da es in der Urschrift unter anderen heisset: „als man zelt nach Christ Geburt fünfhundert „neunzig Jahr, ward das Weyler Wört wider aufgebut, so das „Güß verschwemt."

<small>1) *Martiniere* historisch-politisch-geographischer Atlas. 2) *Cluverius* schreibt in Germania antiqua P. 409. folgendes: Germani hujusmodi Loca in Insulis et ad Insulas amnicas sita sæpe vocant *Weert*, et *Weerder*, aliaque Dialecto *Ward* et *Warder*, unde oppida *Kayserwert* ad Rhenum, et *Donavvärt* ad Danubium. *Dresserus* de Urb. Germ. p. 595. *Crusii* Anal. Suevic.</small>

§. 2.

§. 2.

Seit dem achten Jahrhundert kommt Donauwörth schon als eine Stadt in der Geschichte vor, da sie Carolus Martellus bey seinem Durchzug durch Schwaben und Rhätien den Grafen von Dillingen zur Verwaltung übergabe, wovon Joannes Heroldus, 1) und nach ihme Crusius 2) schreiben.

1) De Statut. Leg. III. in Rhetia littorali. 2) Annal Suevic. Lib. XI. Part. I. p. 296. Circa hoc tempus erant Comites Dillingenses (ubi hodie *Dillinga* Danubii est, Augustani Episcopi Oppidum et Castellum) qui res administrabant in Locis Faingen, Wittislingen, Lieheim, Höchstätt, und Werd.

§. 3.

Diese Verwaltung der Grafen von Dillingen daurete ohnunterbrochen bis in das neunte Jahrhundert, zumahlen die Stadt Donauwört jederzeit unter der Benennung Schwäbisch Wört 1) zu Schwaben gerechnet wurde, und bey der vorgewesenen Theilung unter Carl des grossen Söhnen Carl dem Dicken zufiele, 2) welcher die Grafen von Dillingen, ohneachtet er Richarium und Rudolphum von Burgund als Stadthalter von Schwaben ernannte, bey ihrer Verwaltung erliesse. 3)

1) Münsters Cosmog. p. 1024. 2) *Auctor* fragmenti hist. apud *Urstisium*. 3) *Gasserus* ad annum 879.

§. 4.

Eben zur Zeit, als Kaiser Arnolph des Richarii Sohn Burcharten Landgrafen von Nellenburg anno 909. die Verwaltung von Schwabenland übertrug, 1) stunden die Grafen von Dillingen in grossem Ansehen, 2) und waren damahls noch der Stadt Donauwörth vorgesetzt. Dahero verschiedene Schriftsteller irriger Meynung sind, als wären die Grafen von Dillingen allererst unter Heinrich I. entstanden.

1) *Hermannus Contractus* ad ann. 909. 2) *Sigbertus Gemblacensis* ad ann. 893. meldet, daß Abalbert Graf von Dillingen der Hofmeister des jungen Prinzen Ludwigs, Arnolphi Sohns gewesen.

§. 5.

§. 5.

Grafen Hugobald von Dillingen, Adalberti Bruder, ware noch unter Kaiser Otto dem ersten die Verwaltung der Stadt Donauwörth anvertrauet, wie eine sichere Archivalurkund bey dem Hochstift Augspurg vollkommen erweisset; als er aber mit grosser Tapferkeit gegen die Ungarn stritte, wurde Er von Kaiser Otto mit der Grafschaft Kiburg, Dillingen und Wittislingen belehnet, von welcher Zeit an die Grafen von Dillingen und Kiburg nicht nur die Grafschaft Kiburg und Dillingen, sondern auch die Stadt Donauwörth Jure proprio, wiewohl mit der Lehensverbindlichkeit besessen haben.

Obenangezeigte Archivalurkunde enthaltet die Worte: Comitatus *Dillingen* et *Kyburg* nexu Feudali et vix non jure proprio ex singulari Imperatoris Munificentia possidentes.

§. 6.

Daß die Grafen von Dillingen die Stadt Donauwörth zu Zeiten Kaisers Otto nicht mehr in Verwaltung gehabt, sondern eigenthümlich besessen, ist hieraus zu erweisen, weilen Theobald Graf von Dillingen, als ein berühmter Kriegsheld, welcher gleichfalls wie sein Vater in der Schlacht bey Augspurg sich sehr tapfer zeigte, und nebst dem Bischoff Starchant von Eychstätt in den Lech geworfen, nachgehends aber wiederum errettet wurde, 1) anno 980. eine eigene Residenz für sich in Donauwörth erbauet, woselbst sein Sohn Richard, der anno 1042. auf dem Tournier zu Hall sich eingefunden, mit grossen Kosten eine Brücke über die Donau angeleget, und sich alldort niedergelassen, von welcher Zeit man zuverläßige Nachrichten hat, daß die Stadt nicht mehr Wörth, sondern Donauwörth genennet worden. Das alldort sich befindende Kloster zum heil. Creutz ist im Jahr 1100. von Mangoldo, Grafen von Dillingen und Donauwörth, und seiner Gemahlin, Luta, gestiftet worden, und zwar vor Nonnen des Benedictinerordens, dahero auch die Tochter Gunderadis daselbst erste Abbtißin geworden. Nach diesem wurde solches mit Mannspersohnen besetzt, und von denen 2. letzteren Grafen dieses Geschlechts gleichfalls, Mangoldi genannt, reichlich vermehret, welche drey Stifter auch daselbst unter folgendem Epitaphio begraben liegen: 2)

Tres fundatores Mangoldi Tutaque flores
Cæleftis Prati, paufant fimul hic tumulati.

Ein mehreres ist in der Clostergeschichte, welche der Benedictiner, Corbinian Kham geliefert, enthalten, da gegenwärtig nur von der weltlichen Geschichte die Rede ist.

1) Vita *Starckandi* Epifcop. Eichftett. in Catalog. Epifcop. Eichftett. MSCts. 2) *Martiniere* l. c.

§. 7.

Da aber Bischoff Hartmann zu Augspurg, als der letzte von den Grafen zu Kyburg und Dillingen, welcher sein Bißthum in der Graffschaft Dillingen und Wittislingen dies- und jenseits der Donau bis an Schwäbisch Wörth zum Erben einsetzte, 1) mit Todt abgienge, zoge Conradinus der letzte Herzog in Schwaben die Stadt Donauwörth an sich, welchen Bischoff Hartmann bey Lebzeiten als Beschützer des Bißthums Augspurg erwählet, der sonach diese Stadt nicht Jure Protectionis, wie Knichen 2) unrichtig anführet, sondern als ein Eigenthum besasse.

1) Litteræ Donation. *Hartmanni* Epifcopi Auguftani Comitatus Wittislingenfis Facultates cis et ultra Danubium cunctosque Pagos usque *Werdeam* Suevicam fitos. 2) L. 5. C. 13. in pr.

§. 8.

Weilen aber Conradinus gesinnt ware, seine Erblande in Italien wiederum zu erobern, liesse er sämtlich ihme geneigte Fürsten und Stände zu einer Zusammenkunft nach Augspurg einladen, woselbst er sehr viele Freyheiten austheilte, 1) und einen

einen groſſen Theil ſeiner Landſchaften in Schwaben verkaufte, worunter auch die Stadt Donauwörth, welche ſein Vater Conradinus anno 1266. anfänglich verſetzet, 2) begriffen ware, wie der Pfandbrief des mehreren erweiſet. 3)

1) König *Conradini* Urkund für Biſchoff Hartmann über einige Freyheiten de dato 5. Non. Octobr. 1266. Item für die augſpurgiſchen Juden de dat. Augſpurg prid. Kal. Decem. 1266. 2) Moſer von denen deutſchen Reichsſtänden p. 1110. 3) *Conradinus* Dei Gratia Hieruſalem et Siciliæ Rex Dux Sueviæ Caſtrum Civitatem *Verdunum (Werd)* in Suevia *Lugingen, Hochſtadium,* Morinos *Maringen, Pittengau, Schongiam, (Schongaw) Schwabeck, Ambrones, (amergau) fauces,* Clauſſen oder Füſſen, quæ *Ottoni* Regulo Bojorum avo ſuo materno *Conradus* millibus unciarum Auri ſexdecim, quod eſt noſtratis Pecuniæ Aureoli mille Centies duo tetrices oppignoraerat, *Ludovico* Bojo avunculo ſuo vendit, hancque Tabulam venditoriam ſignarunt. *Eberhardus* Conſtantiæ Pontifex, *Bertholdus* d. *Galli* Antiſtes, *Heinricus* Dux Boyus præfectus prætorio Rhæni Avunculus *Conradi, Fridericus* Comes de *Trubeding, Fridericus* Urbis Norimbergenſis Præfectus, *Heinricus* Burgionum (von Burgau) Præſes. *Fridericus* Zolrrenſis. Teſtes fuere. *Fridericus* Dux Auſtriæ, *Hartmannus* Badenſis Regulus, *Menradus Goriciæ,* et *Tyrolii* Tetrarches, *Berchtoldus* a *Greiſſenbach, Bertholdus* de *Eſchenlech, Bertholdus* a *Frauenhoſen, Arnulphus* a *Meſſenbauſen; Grimoldus, Heinricus, Conradus* a *Freiſingen, Heinricus, Winbardus, Rorbecky, Ulricus, Comenbergenſis, Otto* a *Frauenberg, Heinricus* de *Eiſoldzried.* Datum non. Kal. Novbr. anno Chriſti MCCLXVI.

§. 9.

Die Stadt Donauwörth bliebe ſonach in bayeriſcher Bothmäßigkeit, und als nach Ludovici Severi Herzogen in Bayern und Pfalzgrafen bey Rhein erfolgtem Ableben unter deſſen Söhnen Rudolph und Ludwig eine Theilung vorgienge, fiele ſelbige Letzterem zu, da ſie ſchon durch ihren eigenen Magiſtrat regieret wurde. 1)

1) Lehemann ſpeyeriſche Chron. L. IV. C. IV.

§. 10.

Anno 1292. haben sich einige vornehmere Vasallen von Steuermark als Rebellen aufgeworfen, und sich gegen Kaiser Albrecht von Oesterreich verschworen, auch dem Herzog Otto von Bayeren im Fall des Beystandes ihr Land zu übergeben, und ihne als ihren Oberherren anzuerkennen versprochen, denen der Erzbischoff von Salzburg beytratt, und mit einem nahmhaften Kriegsheer in Steuermark einfiele; als aber Kaiser Albrecht den Herzog von Bayern mit seinen Alliirten wiederum abtriebe, und weilen Herzog Rudolph in Bayeren nebst anderen Fürsten damit umgegangen, ihn wiederum vom Thron zu stossen, befahl der Kaiser denen Augspurgeren anno 1299. Schwabeck, Schongau, und Donauwörth zu belagern, nach Eroberung derselben und der Stadt Donauwörth ließ er 1) das auf einem Felsen gelegene Schloß niederreissen, und 2) unterwarf sie anno 1304. dem römischen Reich, bey welchem sie als eine unmittelbare Reichsstadt auch verbliebe. 3) Herr Staatsrath Moser 4) ist dahero irrig daran, da er behauptet, daß Kaiser Carl IV die Stadt Donauwörth Kaiser Ludwigs Söhnen abgenommen, und anno 1348. zum erstenmahl zu einer Reichsstadt gemacht, wozu sie allbereits schon 44. Jahr früher gekommen ware, und nur von Kaiser Carl IV. anno 1348. in der Reichsunmittelbarkeit bestättiget wurde. 5)

1) *Historia Australis* ad ann. 1292. 2) *Gasserus* ad ann. 1299. 3) *Aventin.* Lib. VII. C. XI. 4) L. c. p. 1111. 5) *Bircken* hist. Aust. L. 5. C. 13.

§. 11.

Ob zwar die Stadt Donauwörth bey Kaiser und Reich in grossen Ehren stunde, und anno 1219. von Kaiser Friederich II. die Meßfreyheit durch ein Special-Diploma 1) bekame, auch anno 1348. durch eine kaiserliche Begnadigungsurkunde, gegeben am Montag vor Auffahrtstag, versicheret wurde, daß sie von dem Reich nicht mehr könne veräusseret werden, nebst deme

anno

anno 1363. von Carl IV. das Jus Auſtregarum und ihren eigenen Richter in der Stadt, nebſt deme auch noch in dem nehmlichen Jahr ein kaiſerliches Privilegium de non evocando erhielte, 2) ſo mußte ſie ſich doch gefallen laſſen, von eben dieſem Kaiſer anno 1376. an Kaiſers Ludovici bavari Söhne vor 60000 fl. verſetzet zu werden. 3)

1) In dem Privilegio vom 6. Nov. 1219. heißt es: In Nundinis *Werde* civis Norimbergenſis cum Denariis Norimbergenſibus cambiet, et emet. 2) *Lunig.* Contin. 4. I. Th. X. Abſatz. §. 27. p. 421. 3) *Martiniere. Schweder* Theatr. Prætens. 46. 3. C. p. 572.

§. 12.

Dieſe Verpfändung zoge aber ſehr groſſe Weiterungen nach ſich, zumahl Ludwig der Bartige Herzog in Bayeren anno 1398. die Stadt mit einer groſſen Menge Volks überrumpelte, 1) und dieſelbe zwar mit dem Vorbehalt ihrer Freyheit und Privilegien huldigen ließe, aber wenig Jahre darnach ſolche gar unter das Joch brachte, ſo, daß ſie 16. Jahr lang als eine Municipalſtadt von ihme regirt wurde. 2)

1) *Bircken* Hiſt. Auſt. l. c. 2) *Schweder* l. c. p. 571.

§. 13.

Als aber dieſer Herzog Ludwig zu Ingolſtadt, mit ſeinem Bruder Herzogen Heinrich zu Landshuth, einen gewiſſermaſſen unrechtmäßigen Krieg anfienge, 1) wurde die Stadt von Kaiſer Sigismundo ihme abgenommen, und anno 1420. nach caſſirter Pfandverſchreibung wieder in die vorige Freyheit geſetzet, 2) wiewohl es mit der gänzlichen Abtrettung bis auf das Jahr 1422. und abgehaltenen Reichstag zu Nürnberg angeſtanden, 3) da ſich Herzog Ludwig auf keine Weiſe hiezu bequemen wollte. 4) Es behaupteten einige nicht ohne Grund, 5) daß Kaiſer Sigismund der Stadt Donauwörth den Looſungs-Schilling mit 13000 Goldgulden bezahlet, und ſich dafür die Reichs-Voigtey neuerdings auf ewige Zeiten vorbehalten habe. Wie weit

weit nun solches Grund haben möge, läßt man dahin gestellet seyn; so viel ist aber bekannt, daß der Rath zu Augspurg an diesen 13000 Goldgulden, so Donauwörth dem Kaiser wegen ihrer Befreyung von Herzog Ludwigs in Bayeren Bothmäßigkeit zu bezahlen hatte, 3000 Goldgulden vorgelehnet, dagegen die Stadt von gedachtem Kaiser denen Städten Augspurg, Nürnberg, Rothenburg, und Nördlingen in Schutz gegeben worden. 6) Anno 1422. halfen die Augspurger zur Eroberung des Schlosses Graisbach wider die Herzoge in Bayeren, so denen Donauwörtheren schädliche Zölle angeleget. 7)

1) *Schweder* l. c. p. 571. 2) *Imhof.* Not. proc. imp. p. 47. 3) *Trythemius* anno 1422. 4) *Dubravius* Lib. XXVI. p. 694. 5) Moser l. c. p. 1111. 6) Albrecht Schieffers vermehrte und continuirte Zenckische Chronick ad ann. 1439. 7) Adelsreuther P. I. L. VII. n. 78.

§. 14.

Anno 1457. verglich sich die Stadt Donauwörth nebst anderen Reichsstädten mit Marggrafen Albrecht von Brandenburg dahin, daß sie von der Gerichtsbarkeit des Landgerichts zu Nürnberg für alle Zeiten völlig befreyet seyn solle.

1) Vertrag Marggraf Albrechts mit der Stadt Ulm, Nördlingen, Schwäbischhall, Gemünd, Memmingen, Donauwörth, Giengen, Aalen und Bopfingen, de dato Anspach Sonntag vor St. Antoni Tag 1448.

§. 15.

So lange die innerliche Unruhen zwischen denen Herzogen in Bayeren andaurten, wurde die Reichsstadt Donauwörth ihrer Unmittelbarkeit halber ruhig belassen; so bald aber solche in etwas aufhörten, suchte Herzog Ludwig der Reiche anno 1458. die Stadt Donauwörth wieder an Bayeren zu bringen, und zu einer förmlichen Belagerung alle Anstallten zu machen. Hievon bekame Kaiser Friederich Nachricht: Weilen er nun gerne

gerne nähere Kundschaft gehabt hätte, was es mit dem Anspruch des Hauses Bayeren an Donauwörth für eine Beschaffenheit habe, schrieb er von Grätz= aus deßwegen an den Rath zu Augspurg; als nun dieser geantwortet, daß die Stadt ehemahlen einige Grafen gehabt, nachgehends von König Conradino an Herzog Ludwig II. in Bayeren Pfandweiß gekommen, und sodann bald zum Reich, bald wieder an die Herzoge in Bayeren gehörig gewesen, bis endlich Kaiser Sigißmund selbige in die vorige Reichsfreyheit gesetzet, bestättigte Kaiser Friderich nicht nur der Stadt Donauwörth ihre alte Freyheiten, sondern mahnte auch Herzogen Ludwig von seinem Vorhaben ab.

Weilen er aber wohl merkte, daß der Herzog seine Meynung nicht änderen würde, gab er sowohl Marggrafen Albrecht von Brandenburg, als denen Reichsstädten Nürnberg, Augspurg, Ulm, und anderen den Befehl, sich dieser bedrängten Stadt anzunehmen, dem augspurgischen Landvogt Heinrich von Pappenheim aber wurde aufgetragen, solche zu vertheidigen. Hierauf schickte Augspurg, so hart es den Rath ankam, wider diesen benachbarten Herzogen die Waffen zu ergreifen, 60 Büchsenschützen, zwey grosse Stücke, und einiges Pulver nach Donauwörth, desgleichen auch andere Städte, ausser der Stadt Ulm, thaten. Deme ohngeachtet liesse Herzog Ludwig selbige den 21. October durch Georg Allheimeren und Oßwald von Döringen berennen, brache auch sonach selbsten mit 12000 Mann zu Fuß, und 1500 zu Pferd zur Donauwörtischen Belagerung auf, schriebe zugleich an den Magistrat zu Augspurg, derselbe möchte seine zur Hülfe geschickte Mannschaft abruffen. Es wurde ihme aber hierauf geantwortet, daß es des Kaisers Befehl seye, und nicht in des Raths Mächten stünde, selbige abzufordern.

Unterdessen ergab sich die Stadt Donauwörth ohne die Gewalt abzuwarten, wiewohl mit grossem Widerwillen Heinrichs von Pappenheim, auf Anstiften des Burgermeisters Gundelwein, an Herzog Ludwig. 1)

Sobald

Sobald die Stadt an den Herzog übergangen, wurde nach Eßlingen ein Reichstag ausgeschrieben, und hierauf der Krieg wider selben beschlossen, auch Marggraf Albrecht von Brandenburg als Chef der Reichsarmee aufgestellt. 2) Dieser Krieg legte sich aber gar bald wiederum bey, da Herzog Ludwig auf dem in dem nehmlichen Jahr zu Nürnberg gehaltenen Reichstag durch den Kaiser und Marggrafen Albrecht genöthiget wurde, die Stadt dem Reich wieder zuruckzustellen, 3) wogegen aber Pfalzgraf Friederich feyerlichst protestirte. 4)

1) Paul von Stettens augspurgis. Geschicht. VII. Cap. p. 183.
2) *Mylerus* P. III. C. IX.   3) *Mylerus* C. X.   *Gobellinus* P. III. p. 62. *Fugger* Lib. V. C. XIII.   4) *Gobellinus* L. III. p. 63.

§. 16.

Die Reichsstadt Donauwörth erhielte von Kaiser Sigismund anno 1434. am Freytag nach Laurentii das Privilegium des freyen Blutbanns, so ihr Maximilian I. sub dato Straßburg den 4. May 1505. bestättigte; desgleichen wurde sie anno 1502. aus sonderbahren kaiserlichen Gnaden mit dem Privilegio de non appellando bis auf 20. rheinische Gulden, und im Jahr 1532. von Carl V. mit der Münzgerechtigkeit beschenkt: Vermög des letzteren Privilegii sie einen schwarzen zweyköpfigten Adler mit gelben Schild geführet. 1) Wie ihr auch in dem nehmlichen Jahr ihre politische Gerichtsverfassung bestättiget wurde, nach welcher die Stadt durch 12 Vorstehere, worunter 3 Burgermeister, einen Stadtamann, und 70 Schöpfen ehemals regieret worden. 2)

1) *Martiniere.*   2) *Dresserus* l. c. p. 595.

§. 17.

Endlich schlug sie sich auch anno 1536. zu dem schmalkaldischen Bund, und schickte zu dem Bundsconvent einen eigenen Abgeordneten nach Frankfurt ab. 1)

1) *Du Mont.* Tom. IV. p. 309.

§. 18.

§. 18.

Wiewohl sich nicht die ganze Stadt und der Rath zu Donauwörth zur protestantischen Religion erklärte, nahm doch der größte Theil des Raths und der Bürgerschaft solche anno 1545. an; 1) und da die protestantische Religionsübung wollte eingeführt werden, so schickte ihnen der Rath zu Augspurg, auf Ersuchen, dero Pastor Wolfgang Meußlin ab. Wie auch der augspurgische Burgermeister Herbrot und Mathäus Langenmantel mit dem Befehl dahin geschickt wurde, daß sie dem Magistrat zu Donauwörth in dieser Sache mit Rath und That an die Hand gehen, auch über das die Stadt in ihren Schutz und Schirm nehmen sollen.

1) Stettens Geschichte l. c. VIII. Cap. p. 383.

§. 19.

Unterdessen merkte der Rath zu Donauwörth, daß ihme die vorgenommene Religionsveränderung bey dem kaiserlichen Hof grosse Schwierigkeiten machen werde; es suchten dahero zu gleicher Zeit sowohl Die von Donauwörth, als Georg Wilhelm in Bayern, wegen der durch ihre Stadt und Land gegen Oesterreich marschirenden spanischen und italienischen Truppen, von welchen sie nichts gutes versahen, von dem Rath zu Augspurg ihnen im Fall der Noth zu Hülfe zu kommen; 1) wie auch von dem Rath zu Augspurg nicht nur 300. Mann unter dem Hauptmann von Kalb nach Donauwörth geschickt, sondern auch dem Obristen Sebastian Schertlin 2) Befehl gegeben wurde, 1500. Mann anzuwerben, und denen Donauwörtheren, oder dem Herzog Wilhelm nach Bedürfniß zu Hülfe zu kommen.

1) Stettens Geschichte l. c. p. 584. 2) Schertlins Lebensbeschreibung ad annum 1545.

§. 20.

Anno 1546. wurde die Stadt Donauwörth von denen protestantischen Bundsgenossen eingenommen, 1) und dem Kaiser

ser nacher Landshuth aus dem Lager bey Donauwörth der Krieg angekündet, wobey sich die Stadt wegen allerley Ereignissen, und hauptsächlich, weil sie sich zu der protestantischen Religionsparthey geschlagen, die Ungnade des Kaisers zugezogen. 2) Wie auch der Kaiser noch in dem nehmlichen Jahr die Stadt nebst denen Städten Lauingen und Höchstätt eroberte, ohne aber selbiger im geringsten ihres Abfalls halber von der Religion was entgelten zu lassen.

1) *Heuterus* Lib. XII. Cap. 8. 2) *Sleidanus* Lib. XVII. p. 531.

§. 21.

Anno 1547. machte der Prälat zum heiligen Creutz in Donauwörth, dessen Closter von dem Reichsstadt augspurgischen Obersten Schertlin ausgeplündert worden, eine Forderung von 20000 fl. an die Stadt Augspurg. Obwohlen der Rath zu Augspurg ihne an die gesamte Bundsstätte, und vorzüglich an die Stadt Donauwörth verwiese, so wußte der Prälat die Sache doch so klug einzurichten, daß der Kaiser eine Commißion zu Untersuchung dieses Anspruchs anerkannt, welche auch endlich einen Vergleich auf 1500 fl., so die Stadt Augspurg bezahlen mußte, zuwegen gebracht. 1) Gleich darnach wurde die Stadt Donauwörth von Herzog Maximilian zu Sachsen eingenommen, aber bald wiederum geräumet.

1) Stettens Geschichte l. c. p. 412.

§. 22.

Die Kriegsunruhen setzten der Stadt Donauwörth lang nicht so heftig zu, als die innerliche Angelegenheiten, welche sich durch einige protestantische Rathsgliedere aus übertriebenem und indiscreten Religionseyfer angesponnen, und sogar die Folge nach sich gezogen haben, daß die Stadt ihrer Religionsfreyheit und Unmittelbarkeit sich verlustig gemacht, welches vornehmlich die Irrungen mit dem dortigen Prälaten zum heiligen Creutz veranlasset haben.

§. 23.

§. 23.

Die Uneinigkeiten zwischen dem Magiſtrat und dem Kloſter nahmen eigentlich anno 1567. ihren Anfang, da bey Sebaſtian Heiters Leiche das erſtemahl den Conventualen des dortigen Kloſters verbotten wurde, nicht mehr insgeſamt die Proceßionen zu den Kranken zu begleiten, und die öffentliche Ceremonien auszuüben. Der Rath daſelſt triebe die Sache noch immer weiter, und ließe anno 1577., 1580. und auch anno 1586. zweyen Burgeren das Einſegnen und Kindertaufen in dem Kloſter ernſtlich unterſagen, ohneracht anno 1530. der Abbt Thomas daſelbſt ſein eigenthumliches Jus Patronatus, ſamt zweyen Caplaneyen, zu Beylegung einiger Irrungen dem Magiſtrat mit der Bedingung abgetreten, daß künftiger Pfarrer die Onera Episcopalia, Cathedratica, und andere Gebühren, dann die der Pfarr anhangende Functionen übernehmen ſolle. 1)

1) Donauwörthiſche Relation, I. Th. p. 8. ſ 12.

§. 24.

Den 16. Januarii 1602. fiele aber dem Rath bey, ein öffentliches Proclama affigiren zu laſſen, daß hinführo die Verheyrathungen zwiſchen ausländiſchen Perſonen und dortigen Burgerstöchtern verbotten ſeyn ſollen, damit gemeine Burgerſchaft hierdurch vor Unglauben und Abfall deſto ehender erhalten werden könne.

1) Proclama, wie es des Burgerrechtens halber in des heil. Reichsſtadt Donauwörth gehalten worden.

Public. die 5. Jan. anno 1602.

Ein ehrſamer Rath dieſer des heil. Reichsſtadt Donauwörth, hat im Werk und Erfahrung befunden, daß etliche allhier für einen Stadtbrauch wollen anziehen, und haben ſich darauf verlaſſen, daß ein jeder, der ſich zu einer Burgerin oder Burgerstochter verheyrathe, zum Burgerrecht zugelaſſen werden ſollte, daher dann erfolget, daß die junge Töchter und Burgerskinder vielmahls, und zu Zeiten auch ohne der Eltern Vorwiſſen und Willen durch dieſen unziemlichen und ungegründeten Wahn

beredet

beredet und verführet werden, sich etwan zu Persohnen, die weder ihres Geschlechts, Herkommens, Gewerb und Handthierung, Nahrung, Vermögens, Gesundheit oder Alters halben zu Bürgern tauglich gewessen, in Heyrathsverpflichtung eingelassen, und dadurch die Stadt mit untauglichen und unvermöglichen Bürgeren überschlagen, die Handwerker und Gewerb zum beschwerlichsten übersetzet, andere gebohrne Burgerssöhne dadurch verkürzet, und mehrmahlen gedrungen, aus ihrem Vaterland an fremden Orten sich niederzuthuen, hergegen aber die neueingekommene Bürger, da sie eine Zeit lang Haußgehalten, oftmahlen von Weib und Kinderen gelauffen, dieselbe den Eltern heimgeschickt, oder sonst in aller Armuth hinter ihnen gelassen; neben dem, daß auch dieselbe neue Bürger vielmahls gefährliche und betrügliche Schulden gemacht, und dadurch gemeine Bürgerschaft in etwas mißglaubigen und augenscheinlichen Abfall und Abnehmen gericht haben. Damit nun diesem beschwerlichen Unrath begegnet, und dasselbige ohnbedächtlich und leichtfertige Verheyrathen, bey Burger und Burgerskinder abgestellet werde, so hat ein ehrsamer Rath zu Wohlfart und aus dringender Verursachung für gut erwogen, und will, daß sich in künftiger Zeit niemand so verwarnter Weise auf das Burgerrecht in unsrer Stadt verheyrathen soll, oder daß ein jeder, der sich zu einer Burgerin, oder Burgerstochter verheyrathe, für einen Burger sollte oder mußte angenommen werden, sondern dieweil das Burgerrecht eine sonderbahre Freyheit und Gerechtigkeit, welche billig und in alle Wege allein bey der ordentlichen Obrigkeit, (kraft habender kaiserlicher und königlicher Regalien, Privilegien und Freyheiten,) Macht und Willen stehet, solle hinführo allwegen bey eines ehrbahren Raths Willkühr und Gelegenheit stehen, diejenige, so sich zu einer Bürgerin oder Burgerstöchteren verheyrathen, nach Ansehen und Gelegenheit ihres Herkommens, Standes und Vermögens, Wesens, Handthierung, Gesundheit, Person und Alters für Bürger anzunehmen, und zu verweissen, damit also gemeine Stadt mit tauglichen Bürgeren gepflanzet, die Gewerb und Handwerker dermassen nicht übersetzet, und in Unvermögen gerieth, den Burgern auch ihre Kinder nicht wie bishero abgeführet, und dadurch gemeine Burgerschaft desto eher vor Unglauben und Abfall erhalten werden. Das hat ein ehrbarer Rath alle Burger väterlich vermahnen und warnen wollen, damit sich ein jeder darnach zu richten, und vor dem Verheyrathen seine Kinder und Verwandte auf diesen Fall lauter wisse zu verwarnen, und sich und die Seinige zu hüten.

§. 25.

§. 25.

Sowohl dieses offenen Patents halben, wodurch die Vermehrung der römisch=catholischen Burgerschaft verhindert worden, als weilen die evangelische Burgerschaft daselbst den Catholicken, absonderlich aber den Herrn Geistlichen zum heiligen Creutz an ihren unternommenen und altgläubig=hergebrachten Uebungen verschiedene Hindernissen gemacht, wurde der Magistrat von den Herrn Bischoff zu Augspurg, als des besagten Klosters Ordinario in geistlichen Sachen, bey dem kaiserlichen Hof hart verklagt, und eine scharfe Citation 1) wider selbigen unterm 14/24. October 1605. ausgewürket, aber erst den 18/28. Februarii 1606., als eben etwan 2 Stunden hernach eines catholischen Burgers Sohn mit gewöhnlichen Ceremonien, denen sich die Evangelische widersetzet, begraben werden sollte, dem Rath daselbst insinuirt, und übergeben.

> 1) Citatio prima Cæsarea, an Burgermeister und Rath, des heiligen Reichsstadt Donauwörth, super fracta Pace, et Mandatum de non amplius attentando vel offendendo sub Poena fractæ Pacis sine Clausula, insinuirt und verkündet, den 18/28. Febr. anno 1606.
>
> Wir Rudolph der Ander, von Gottes Gnaden erwählter römischer Kaiser ꝛc. ꝛc. Fügen euch Burgermeister und Rath der Stadt Donauwörth zu wissen, daß uns der ehrwürdige Heinrich, Bischof zu Augspurg, unser Fürst und lieber andächtiger klagend zu erkennen geben: Wiewohl in unseren und des heil. Reichs hochverpönten Constitutionibus, sonderlich aber auch dem aufgerichteten Religions= und Landfrieden versehen, gesetzet, und geordnet, daß keiner dem anderen in seinem Glauben, Kirchengebräuchen, Ordnungen, Ceremonien, und was diesem anhängig, einiger Gestalt beschweren, insonderheit aber die Reichsstädte, dero Innwohner geistlichen und weltlichen Standes keinesswegs unser alten catholischen Religion, Kirchengebrauch, oder Ceremonien abthun, oder jemanden davonbringen, und deroselben öffentliche Exercitia verwehren, sondern männiglich dabey friedlich und ruhig bleiben lassen sollen; alles bey Vermeidung der Poen und Strafe, welche obangezogenen Reichssatzungen sowohl dem Religionsfrieden im Buchstaben angeheft seyn: und obwohl auch

auch nach Ausweiſſung gemeiner Rechten ſich gebühre, daß niemand den
anderen de facto von alten ruhigen Herkommen, Beſitz, oder Gewehr
eines oder anderen Gebrauchs und Gewohnheit, ausserordentlichen Rechten
entſetzen, abtreiben, oder gewaltthätig depoſſeßioniren könnte oder möchte,
ſo hättet doch ihr Burgermeiſter und Rath, deſſen ohnangeſehen voran-
gedeuten Reichsordnungen zuwider Montag den 16. May dieſes Jahrs,
als obgenannten Biſchoffen zu Augſpurg Schutzverwandter, der ehrſame
unſer lieber andächtiger Leonhard, Abbt zum heiligen Creutz, ſo ſeiner des
Biſchoffen und dero anbefohlenen Stift in Spiritualibus et Temporalibus
zugleich unterworfen, chriſtlichen uralten Gebrauch nach, von ſeinen Brü-
deren und anderen etlichen catholiſchen Innwohneren, von Manns- und
Weibsperſohnen in Proceßionen mit dem heiligen Creutz und fliegenden
Kirchenfahnen, gutherziger Meynung und Andacht, niemanden zu Trutz,
Nachtheil oder Schaden durch die Stadt gehen, und andere catholiſche
Orte beſuchen wollen, etliche euers Mittels neben dem Stadtamann, und
anderen Burgeren, in die Straſſe gegen dem Cloſter zu, die Pfleggaſſen
genannt, ſtellen, ihn Prälaten, und ſonderlich den Fahnenträgeren ober-
halb des Fuggeriſchen Pfleghauſes umſtehen, rechtfertigen, auch von oban-
geregten Creutzgang abhalten, und verhinderen laſſen. Und obwohl mehrgemeldter Prälat dafür gar beſcheidentlich gebetten, und angezeiget, daß
er durch gegenwärtigen Actum allein dasjenige thue, was ihme von Rechtswegen erlaubet, und bey der catholiſchen Kirchen von uralten Herkommen;
dannenhero er ſich deſſen gegen euch gar nicht, ſondern vielmehr eines
beſſeren verſehen, und nochmahlen verhoffete, ihr würdet von eurem unziemlichen Beginnen ab- und zur Ruhe ſtehen:- So habe doch ſolches bey
euch nichts verfangen, ſondern ihr eirret fortgefahren, und habe obbeſag-
ter Stadtamann mit ungeſtümmen und unbeſonnenen Worten ausgeſtoſſen:
man ſeye des zu gedulten nicht gemeinet, und möge darneben wiſſen, daß Sie
Herren von Wöhrt das heilige Creutz in der Stadt nicht leiden wollten;
darüber nun alſo (als wider eine unzuläßige Vergewaltigung) vielbeſagter
Prälat in beſter Form proteſtiret, ihme alle rechtliche Nothdurſt vorbehalten, und eueren Abgeordneten zu verſtehen gegeben: Wann ihr ihme
ſein Vorhaben vollbringen zu laſſen, dergeſtallt nicht bedacht wäret, ſo
ſtünde euch bevor, die Fahnen zu eueren Handen zu nehmen, dann er
wäre nicht willens, eben wegen der Urſachen die Proceſſion einzuſtellen.

„Es hätten aber euere Abgeordnete die Fahnen nicht nehmen, und
„den Fortgang ſperren wollen:„ Derowegen der Abbt die Fahnen an des
Fugge-

Fuggerischen Reichs-Pfleghauß anleinen, und seine Creutzgänger nach Ochsenheim fortrucken lassen, und dessen bald darauf, als Michael Malet, welcher Crämer und Burger zu Wöhrt, so der catholischen Religion zugethan, in die Kirche zum catholischen Gotteshauß gehen wollen, hätten die Eurigen ihn Malet genöthiget, die hinterlassenen angelehneten Fahnen biß zu einer nächst dem Kloster gelegenen Capelle zu tragen. Neben diesem allen so unterstunded ihr Burgermeister und Rath euch, zu Abbruch und Verhinderung noch anderer mehr gebräuchigen uralten catholischen Kirchenceremonien zuwider, obgemeldter Constitution des Religionsfriedens eigenes Gewalts fürzunehmen, und sowohl bey denen catholischen Begräbnissen den Gebrauch der brennenden Lichter und Fackeln, als auch Vortragung des Creutzes, und daß der Priester in seiner Stola der Leiche vorgehen, de facto abzuschaffen, massen solches einer catholischen Wittib, Afra Hohenschiltin genannt, bey Absterbung ihrer ledigen Tochter Appolonia begegnet, deren ihr das Hauß so lang verstellet, und die Leute darauß nicht lassen wollen, biß der Priester die Stolam von dem Hals gethan, und dieselbige in den Busen schieben müssen. Gleicher Meynung sperret ihr dem hochwürdigen Sacrament, des Leibs und Bluts Christi, wann dasselbige zu den Kranken über die Gassen getragen werde, seine gebührende Ehre und Ceremonien, indem ihr dabey die Lichter, dann auch das Klingeln mit einem Klöcklein verwehrt: Ja, damit ihr euere unbefugte Intention und gefaßten bösen Vorsatz wider die Catholische noch mehr männiglich zu erkennen gebet, und offenbahr machet, so thät ihr euch doch anmassen, euren imatriculirten Mitburgeren, und derselben Kinderen, auß Ursachen, daß die sich etwan zu Catholischen verheyrathen, oder sonsten zu derselbigen Religion begeben, ohne alles anderes Verwürken ihr Burgerrecht abstricken, dieselbe auß der Matricul verwerfen, und gleichsam atrocissime delinquentes und Uebelthäter auß der Stadt schaffen, hingegen aber euers eigenen Gefallens nicht allein auß den Dörferen, sondern auch sogar von anderen Orten vertriebene Leute in die Stadt an- und aufgenommen: Zu geschweigen, daß ihr euch anmasset, die Catholische abzuhalten, daß sie ihre Kinder nicht mehr in das Kloster, sondern zu euch in die lutherische Kirchen schicken sollen, wie dessen frische Exempel vorhanden, und sonderlich obgedachter welscher Krämer, Michael Malet durch starke Bedrohung hiezu gedrungen seye. Und was sonsten der Ungebühr mehr: „ab welchen jetzt erzehlten Gewalttaten sich der Abbt bey dem Bischoff „zu Augspurg als seinen Schutzherren und Ordinario Loci beklaget, auch

uns

uns seine des Bischoffs Anbt. demüthigst angeruffen und gebetten hat, daß wir diesen Verlauf, der an ihm selbst des Reichs oft berührten wohlverfaßten Ordnungen, und sonderlich dem Religions- und Landfrieden stracks zugegen, und dadurch in die Poen vielbesagten Religions- und Landfriedens einverleibet, ohnwidersprechlich verwürket, zu Bestraffung und Abschaffung solcher friedbrüchigen That und Vergewaltigung unser kaiserl. Einsehen und Hülfe fürzunehmen, gnädigst verhüten.

Wann wir dann obangezogene unsere und des Reichs Ordnungen festiglich zu handhaben, und darauf männiglichen Rechtens zu verhelfen schuldig und geneiget seyn: Hierauf ist heut dato nach reifer Erwegung der Sachen wider euch folgende Ladung und Mandat erkannt, heuschen und laden euch darauf von römisch-kaiserlicher Majestät, auch Gerichts- und Rechts-wegen, daß ihr innerhalb 36. Tagen den nächsten, nachdeme euch diese unsere kaiserl. Ladung verkündet wird folgend, deren wir euch Zwölf für den ersten, Zwölf für den anderen, und Zwölf für den dritten und letzten auch endlichen Rechtstag setzen, und benennen peremptorie, oder ob der selbige Tag nicht ein Gerichtstag seyn würde, den nechsten Gerichtstag hernach durch eueren vollmächtigen Anwald an unserem kaiserl. Hof (welcher Orten derselbe der Zeit seyn wird,) erscheinet, zu sehen und hören, euch wegen oberzählter berübter religions- und landfriedbrüchiger freventlicher muthwilliger Gewaltthat in die Poen mehr obangeregter Reichsconstitutionen, auch des Religion- und Landfriedens gefallen seyn, mit Urtheil und Recht sprechen, erkennen, erklären, und öffentlich verkündigen, oder im Recht gegründete Einreden, ob ihr einige hättet, warum solches nicht geschehen solle, fürzubringen, auch der Sachen und allen ihren Gerichtstagen und Terminen bis nach endlichen Beschluß auswarten. Wann ihr also erscheinet oder nicht, so wird nichts destominder auf des klagenden Theils, oder seines Anwaldes gehorsames Anruffen im Rechten gehandlet und procedirt, wie sich das seiner Ordnung nach eignet und gebühret, für eins: Fürs ander, so gebiethen wir euch von obangeregter unser kaiserlichen Macht, bey Vermeidung der Poen in unser und des heiligen Reichs Religion und Landfrieden begriffen, sonderlich auch unser, und des heiligen Reichs Acht, daß ihr hinführo gegen den vielgedachten Abbten und Convent zum heiligen Creutze, wie auch des Gotteshauß zugehörigen und Religionsverwandten mit eigen gewaltthätiger That durchaus nichts vornehmet, dieselben an ihren Creutzgängen und Processionen, wie gleichmäßig den Begräbnissen, Tragung des heiligen
hochwür-

hochwürdigen Sacraments, und Kindertauf, sowohl als anderen Ceremonien, Kirchengebräuchen und befreyten Exercitio unserer heiligen christlichen uralten catholischen Religion und Glaubens mit nichten beirret, betrübet, beschweret, oder beleidiget, selbst oder durch andere, heimlich oder öffentlich, in keinerley Weise oder Wege, sondern, da ihr gegen ihnen einige Sprüche oder Forderung zu haben vermeinet, euch ordentlichen gebührenden Rechtens gebrauchet, und an desselben Austrag und Entscheid sättigen und begnügen lasset, so lieb euch ist, unser kaiserl. Ungnade, und darzu nächst obbestimmte Poen unser und des heiligen Reichs Acht zu vermeiden, und das, meinen wir ernstlich.

Geben auf unseren königl. Schloß zu Prag den 24. Tag des Monats Octobris anno 1605. unserer Reiche des Römischen im 31., des Hungarischen im 34., und des Böheimischen auch im 31. Jahre.

Rudolphus
R. Coraduz.

Ad Mandatum Sacræ Cæf.
Majeftatis Proprium.

§. 26.

Der Rath liesse zwar hierauf den Herrn Abbt nachbarlich ersuchen, daß Er indessen, weil die Zeit zu kurz, ihre Exceptionen bey dem kaiserlichen Reichshofrath einzubringen, alles bey dem übrigen Herkommen ruhig verbleiben lassen wollte. Der Herr Abbt kehrte sich aber nicht hieran, und begleitete die Leiche mit brennenden Fackeln, dem uralten Herkommen, und seinen Gerechtsamen gemäß, bis in das Closter, dagegen Magistratus folgendermassen protestirte: 1)

1) Schedula Protestationis, so dem Herrn Abbt des Closters zum heil. Creutz zu Donauwörth, nach insinuirten Mandat durch den Stadt-Ammann zugeschickt worden.

Ein Ehrsamer Burgermeister und Rath des heil. Reichsstadt Donauwörth läßt dem Herrn Abbt zum heil. Creutz, mit Erbiethung ihrer nachbarlicher williger Dienst anzeigen:

Demnach von der römisch-kaiserlichen Majestät, unserem allergnädigsten Herren, einem ehrbahren Rath heut dato ein Mandat und Citation

tion infinuirt worden, betreffend die Creutzfahnen, die Begräbniſſen, und andere Nebenpuncten: daß ein Proceß, ihr gegen Nothdurft und Defenſion zu gebührender Zeit am kaiſerl. Hof einbringen werden, hierzwiſchen aber will E. E. Rath den Herrn Prälaten nachbarlich erſucht und gebetten haben, weil ſich eben heute ein Begräbnißfall begiebt, es damit, wie vor dieſem üblich gehalten worden, verbleiben zu laſſen, da aber ungeacht unſers nachbahrlichen Erſuchens der Herr Prälat mit dieſem Begräbnißfall was neues mit den Ceremonien, altem Herkommen zuwider, attentiren und fürnehmen würde, welches wir gleichwohl für diesmahl Ihro kaiſerl. Majeſtät Mandat in gebührendem unterthänigſtem Reſpect zu halten nicht verhinderen wollen. So ſoll uns ſolches unziemliches Attentatum billig nichts hinführo präjudiciren, ſondern wir wollen uns dagegen alle rechtliche Mittel hiemit proteſtando vorbehalten haben."

Actum in Senatu
den 18. 28. Febr. anno 1606.

§. 27.

Magiſtratus brachte auch in Tempore legali ſeine Exceptionen bey kaiſerlicher Majeſtät vor, es truge ſich aber wehrender Zeit zu, daß der Herr Abbt eine anderweitere Prozeßion durch die Stadt anſtellen, und den Rath der bedrohten Vergwaltigung halber vorläufig ermahnen lieſſe; es wurde zwar der Proceßion der freye Hinauszug aus der Stadt von dem Magiſtrat geſtattet, als aber ſelbige zuruckkehrte, verübten der damahlige Stadtammann Hindenach mit 2 Einungeren, Matthäus Grazer und Lündſcher, da ſie eine groſſe Anzahl von Büchſen, Spieſſen, Knitteln und Brügeln auf 2 Wägen herbey führten, derley Gewaltthätigkeiten, daß die bewährte Burger, unter Anführung des Burgermeiſter Wurms in die Kirchenfahnen gefallen, ſolche zu Boden geriſſen, zerſchlagen, und zertrümmert, auch die Leute, ſo mit der Proceßion gegangen, mit Steinen und Brügeln auseinander geſprenget, die Muſicanten nicht nur allein geprügelt, einige Leute unter dem Tumult getödtet, andere verwundet, daß der Herr Abbt ſelbſten groſſe Mühe hatte, ſich mit den Seinigen in das Kloſter zu retten.

retten. Wovon die sogenannte donauwörthische Relation umständliche Nachricht giebt. 1)

Diese verübte grosse Frevelthat ließ der Herr Abbt durch den Herrn Bischoff zu Augspurg bey dem kaiserlichen Reichs-Hofrath alsogleich anzeigen, und wurde von daher gegen den Rath eine zweyte Citation 2) bewürket.

1) I. Th. S. 25.
2) Secunda Citatio Cæsarea, an Burgermeister und Rath des heil. Reichsstadt Donauwörth, super fracta Pace et Constitutione Religionis cum annexo Mandato sine Clausula sub Pœna banni Imperialis, et Privationis Privilegiorum, insinuirt und verkündigt den 12. 22. Decembris anno 1606.

Wir Rudolph der Ander, von Gottes Gnaden erwählter römischer Kaiser ꝛc. ꝛc. Entbieten und fügen euch Burgermeister und Rath der Stadt Donauwörth hiemit zu wissen: Als wir euch auf Anruffen des hochwürdigen Heinrichen, Bischoffens zu Augspurg, unsers Fürsten und lieben andächtigen, unterm dato den 24. Octobris nächst erschienen 1605. Jahrs, um deren damahls wider Euch geklagten, gegen den ehrsamen unseren lieben andächtigen Leonharden, Abbten des heil. Creutz zu Donauwörth, und desselben Ordens Brüdern, auch etlichen bey euch wohnenden, unserer uralten heil. catholischen Religion zugethanen Manns- und Weibspersohnen in ihrer derselben Zeit vorgehabten christlichen Procession und Creutzgang, auch sonst in andere mehr Weg verübten religions- und landfriedbrüchigen freventlichen muthwilligen Gewaltthaten willen, an unserem kaiserlichen Hof innerhalb eines gewissen und bestimmten Termins zu erscheinen, geheischen, und geladen, zu sehen und hören, auch wegen erst berührtes gewaltthätigen Verhandelns in die Poen, unserer und des heil. Reichs Constitution, insonderheit des Religion- und Landfriedens gefallen seyn, mit Urtheil und Recht sprechen, erkennen, erklären, und öffentlich verkünbigen, oder aber im Recht gegründete Einreden, ob ihr einige hättet, warum solches nicht geschehen solle, fürzubringen, mit angehefftem ernstem Gebot bey der Poen in obberührten Religion- und Landfrieden begriffen, wie fürnehmlich auch unser und des heil. Reichs Acht, „daß ihr hinführo gegen obbemeldten Abbten und Convent zum heil. Creutz, „und allen des Gotteshauß Zugehörigen, auch anderen der catholischen „Reli-

„Religionsverwandten mit eigen gewalttiger That durchaus nichts fürneh-
„men, dieselben an ihren Creutzgängen, Proceßionen, Begräbnissen, Tra-
„gung des hochwürdigen Sacraments, und Kindertauf, ja insgemein al-
„len und jeden Ceremonien, Kirchengebräuchen, und Exercitio ihrer Reli-
„gion und Glaubens mit Nichten berühren, betrüben, beschweren, oder
„beleidigen, selbst oder durch andere, heimlich oder öffentlich, und keinerley
„Weise noch Wege, sondern da ihr gegen ihnen einigen Spruch oder
„Forderung zu haben vermeinet, euch) ordentlichen gebührlichen Rechtens
„gebrauchen, und an desselben Austrag und Entscheid sättigen und be-
„gnügen lassen sollet, mehreres Innhalts jetzt angezogener unserer kaiserl.
Citation und Mandats: So hätten wir uns darauf zu euch der Schuldigkeit nach in allwegen versehen, sintemahl ihr euch nach geschehener Insinuation, „massen uns durch glaubwürdige Instrument bescheinigt wor-
„den, aller unverweslicher Gebühr zu erzeigen erbotten, auch mittelst bey
„uns wider eheberührter Proceß ohnlängst etliche Exceptiones eingebracht,
ihr solltet und würdet mehr bemeldtem unserem rechtmäßigen Gebot gehorsamst gelebt, und über dieser, wie gehört, vor uns rechtmäßiger Sachen
unsers kaiserl. Entscheids erwartet haben: Dessen aber ohnerachtet hat uns
obernannten Bischoffen zu Augspurg Andacht, im Namen seines Schutz-
verwandten vorgedachten Abbt zum heil. Creutz jetzo ferner wider euch kla-
gend zu erkennen geben, auch durch glaubwürdiges Instrument ebenmäßig
bescheiniget, wasmassen ihr bald nach geschehener Insinuation mehrberühr-
ter Proceß eueren Erbiethen stracks zuwider am dato den 11. Aprillis
nächsthin dem Abbten zum heil. Creutz „durch eueren Stadtammann Ulrich
„Hindenach, Matthäus Cratzer des Raths, und Matthäus Leudscheren
„von der Gemeinde, eine Erklärung überantworten lassen, dieses Innhalts:
Ihr hättet nehmlich auf des vorgenannten Bischoffen Andacht wider euch
ausgewürkte vermeinte Proceß bey uns euere articulirte Exceptiones sub-
et Obreptionis einbringen lassen, des unterthänig-rechtlichen Versehens,
wir würden euch eueres Juris et Posessionis prohibendi in gemeiner Stadt-
Territorio unerkannten Rechtens nicht entsetzen, darauf wollet ihr nunmehr
gemelden Abbten guter nachbarlicher Meynung errinnert und gewarnet
haben, daß er bey damahlen vorgestandenem Creutzgang, mit Einführung
deren von Zeit des im heil. Reich aufgerichteten Religionsfriedens und
Reichsabschieds ungewöhnlichen und der augspurgischen Confeßionen zugethanen Burgeren, ärgerlichen Proceßionen, mit dem fliegenden Creutzfahnen durch die Stadt keine Neuerung suche, sondern es bey dem alten
Herkom-

Herkommen von Zeit des Religionsfrieden an, das ist, den Creutzfahnen von Closterberg an zusammen gewickelt, und niedergelegt, durch die Stadt hinaus zu tragen beruhen lasset: Dann zum Fall vielgedachter Abbt über solche treue nachbarliche Warnung sich eines bishero ungewöhnlichen Eingangs in der Procession, wie gemeldet, mit fliegenden Fahnen durch die Stadt unterstehen würde, so protestirt und bezeuget ihr, daß ihr dagegen zuläßige Abschaffung und Abwendung solcher beschwehrlichen Eingang und Neuerungen mit allem Ernst fürzunehmen, nicht unterlassen wollet, „derowegen er Abbt zu Verhütung seines Selbstschimpfs und Spotts, noch= „mahlen treulich verwarnet seyn, und sich sonsten nicht weniger als seine „Vorfahren zu euch, dem Rath und gemeiner Burgerschaft alles guten „nachbarlichen Willens, und Dienstserzeugung versehen sollte:„ Hierauf oftgedachter Abbt geantwortet, man versehe sich zu euch, ihr würdet das euch insinuirte kaiserl. Mandat, wie auch nicht weniger euer darüber Erbiethen in gebührendem Respect und Acht haben, und demselben zuwider verhoffentlich nichts handlen, noch auch dem Gotteshauß an dem Exercitio mehrgemeldter christlichen catholischen Religion verhinderlich zu seyn begehren; und dieses seye also dasjenige, so damahlen sich zwischen ihme Abbt und eurem Raths Abgeordneten verlaufen, damit eure Abgeordneten hinweg gangen, mit Vermelden, daß sie euch solches anzeigen wollten. Und als man nun obgedachten Tags den 11. April Morgens etwa wenig nach 8. Uhr aus der Kirchen zum heil. Creutz mit einige fliegende Fahnen gangen, welchen Pater Georg Beck Prior, Ulricus Lector, Custos Johannes Herb, Georgius Behem, und Martin Schönlind, alle Priester und Conventualen daselbst, samt anderen mehr geist= und weltlichen, Jung und Alten, Mann= und Weibspersohnen, zuforderist aber des edlen unsers und des Reichs lieben getreuen Georg Fuggers des älteren, Herren zu Kirchberg und Weissenhorn, unsers Raths und Reichshof=Vice=Praesidenten Ehegemahlin, samt ihrem Frauenzimmern, und anderen mehr ehrlichen Matronen in der Procession nachgefolget, und in derselben gar still mit gebührender Andacht die Stadt und gerade Gassen hinab dem Thonauthor zugangen, seye in solchem hinabgehen von gemeinem Gesind und Pöbel zu Donauwörth auf der Gassen und in denen Häussern ein grosses hin= und wider= auch nebenherlaufen, Geschrey, Gespött, und Gelächter gesehen worden, dessen sich jedoch die Procession im wenigsten nicht angenommen, oder sich dadurch jemand an seiner Andacht verhinderen lassen, und obwohl man darneben auf der Gegenseiten nichts thät=
lichs

lichs fürgenommen, oder einige Haud angelegt, ausgenommen, daß etliche von der Metzg oder Tanzhauß unter sich selbst einen Hader und blinden Lermen machen wollen, ja öffentlich überlaut geschrien, daß man darauf schlagen, und diese Dinge nicht leiden solle. Hingegen die Proceßion und Fahnen, (darzu auch des ritterlichen deutschen Ordens zwey Fahnen, samt etlich wenigen Persohnen bey derselben Kirchen am fürübergehen gestossen,) sicher und wohl hinaus durch die Stadt bis in das der Reichspfleg Wöhrt gehörige Dorf Ochsesheim gekommen, und daselbst den Gottesdienst mit gesungenem Amt und gehaltener Predigt ordentlich und wohl verrichtet habe, so hätten sich doch hernach, als man den Weg wiederum nach Hauß genommen, und ohngefehr um 11. Uhr über die Donaubruck hinein für die Stadt Wöhrt gelangt, vornen gedachte drey Abgeordnete, nehmlich der Stadtamann Cratzer und Leutscher vor dem äusseren wohlverspertten und beschlossenen Gatter mit etlichen Halleparthierern Mousquetierern wohlverwahrt stehen gefunden, und Er Stadtamann darauf folgende Worte öffentlich geredet, daß diejenige, so des ritterlichen Ordens und Heilig-Creutzisch seyen, wohl hinein in die Städt ziehen, die anderen aber, als Bauersgesind und dergleichen herausbleiben sollen: Darauf er auch Stadt-Amman den Gatter alsbalden aufzumachen befohlen, und seye man also mit der Proceßion in vorgeschriebener Ordnung mit drey fliegenden Fahnen, darunter die größte Heilig-Creutzisch, die andere zwey etwas kleiner und des deutschen Ordens gewesen, hinein bis zum inneren Donauthor kommen, allda seye vorgemelder Gatter hintererst berührtem inneren Donauthor vor der Proceßion zugeschlagen worden, auf welches sich alsbald ein grosses Geschrey, Tumult und Gelauf erhebt, und hätten sich die von der Widerparthey, welche alle mit Gewöhren, Büchsen, Helleparthen, Spiesen, Stangen, Knitteln und Kolben, die sie von den Thoren herabgerissen, gewafnet gewesen, haufenweiß und in starker Anzahl zusammengerottet, und mit grosser Ungestimm geschrien, sie wollten das Gehen durch die Stadt kurzum nicht zugeben, noch gestatten, dargegen vielgedachtes Gotteshauß zum heil. Creutz Obervogt Hanns Ulrich Strechlen ganz bescheidentlich darfür gebetten, und sich deshalben auf obgemeldt unser kaiserliches Mandat gezogen, mit Begehren, auch höflicher Ermahn- und Verwahrung, daß sie sowohl Kraft desselben, also auch der Reichsabschied und Ordnungen zu Folg, massen an anderen Orten, da beyde Religionen exercirt würden, gebräuchlich und Herkommen, die Proceßion sicher paßiren und fortziehen lassen, sich an uns nicht vergreiffen, noch auch der in

unse-

unſerem Mandat bedrohten Poen ſchuldig machen wollen: Es habe ſich
aber darauf mehrbeſagter Matthäus Leudſcher vor dem Gatter, dabey er,
wie gehört, neben den anderen beyden dem Stabtamann und Krazer Geſandten herfürgemachet, ſeye der Proceſſion fürgelaufen, und habe er Leudſcher nicht allein zum erſten ſein Seitengewehr entblößt, ſondern auch den
anderen mit dieſen anheßlichen Worten zugeſprochen, daß ſie jetzt anfangen
ſollten: Und zwar, ſo hätten eben an dieſem Ort vor dem inneren Donauthor und in demſelben Rundel zwey Wägen mit Stangen beladen,
gehalten, welche Die von Donauwörth bey Zuſchlagung des Thores ſowohl hernach überfallen, die Stangen haufenweiß herunter geriſſen, und
geworfen, auch klein und groß, welche zuvor nicht Wöhren gehabt, ſich
davon bewehrt gemacht. Ob nun erſtbemelde Wägen zu jetzt berührten
End mit Fleiß verordnet worden, oder ohngefehr dahin kommen, wäre
gleichwohl noch unbewußt, jedoch gewiß und wahr, ja es hat ſolches
männiglich gehört und geſehen, daß man dieſelbe beyde Wägen vor erhobenen Tumult und angelegten Gewalts nicht fortfahren laſſen wollen,
ſondern den Fuhrleuten zu halten ſtark und bedrohentlich zugeſprochen:
Folgends als vielgedachter Leudſcher ſich obangezeigter Reden vernehmen
laſſen, habe man insgemein überlaut geſchrien, man ſoll dareinſchlagen,
darauf man alle drey Fahnen mit bloſſen Wöhren, darinn der Alexander,
Altgelt genannt, auch einen gehabt, ſowohl mit Kolben und Stangen
dermaſſen nieder- und zu Boden geſchlagen, daß des ritterlichen deutſchen
Ordens Fahnen, Stangen und Creuz gar zertrümmert, den dritten aber
am Creuz etwas herab, und die Fahnen in den Staub und Koth geworfen worden. Bey dieſem Lermen ſeye er Carl Meyer, ſonſt Salz-Männlein oder Blattenbeck genannt, der erſte geweſen, ſo auf die heil.
Creutziſche Fahnen mit einen Kolben geſchlagen, darauf abermahls ein
groſſes Geſchrey entſtanden, ſie wollten ſolch Creutzgehen und Proceſſion
kurzum nicht leiden: Und obwohl obgemelder Obervogt Strehle ſich jetzt
erzehlten groſſen Gewalts, deme man nicht widerſtehen könnte, hochbeſchwert, und angezeigt, daß man von Unfrieden und Fechtens wegen nicht
da ſey, mit wiederholter Proteſtation ſeines Herren des Abbten Behelf
und Nothdurft an gebührenden Orten hiergegen einzuwenden, auch Erinnerung oftangedeutetes unſers kaiſerl. Mandats, ſo habe doch ſolches
durchaus nichts verfangen, ja bey ihrer vielen gar kein Gehör haben wollen, ſondern man ſeye zu tumultuiren fortgefahren, und die Furia ſoweit
fürgebrochen, daß ihrer etliche ſich ungeſcheut vernehmen laſſen, was ſie

nach

nach uns und dem Kaiser fragen, so offt man die Fahnen auffrichten würde, wollten sie dieselben wiederum zu Boden schlagen, und durch die Stadt gar nicht lassen. Item die Catholische hätten ihren Pracht Vormittag lang genug gehabt, jetzt wollen sie denselben üben, und dergleichen Schmach- und Spottreden, deren man unter dem Haufen offt und viel gehört: Dabey es noch nicht geblieben, dann als man verhoffte, man würde an dem allen ersättiget seyn, und die Procession, es sey gleich mit oder ohne Fahnen, weil über allen angewendten Fleiß in der Güte nichts zu erhalten gewesen,) fortgehen lassen, so hätte man noch überdieß mehrbemeldtes innere Stadtthor, so zuvor schon gesperrt gewesen, in starker Anzahl mit Gewalt und gewöhrter Hand verstellt, und die Procession nicht hinein lassen wollen, sondern, nachdem etliche Würffe mit Steinen und Prügeln unter die Leute geschehen, eine Thür gleich dabey, in den Zimmerhof gehend, eröfnet, und dabey mit runden Worten vermeldet: man müsse dahinein, und nicht andershwo, es thue ihnen diese Gassen wohl.

Dieweil dann die Catholische endlich gesehen, daß mit Liebe ohne Blutvergiessen kein anderes zu erhalten, so habe offtgenannter Obervogt Strehle seine vorige hohe Beschwerden nochmahls wiederholt, mit dem Anhang, weilen es ein solcher Gewalt, deme man nicht widerstehen könnte, auch die Catholische Unfriedens halber nicht da wären, so müßte man es für diesmahl im Namen Gottes geschehen lassen, jedoch ohnbegeben hievoriger Protestation, Beding und Vorbehalts; darauf hätten die Eyrige die Fahnenträger mit ein der gethanen Fahnen, die Cleriseÿ, und andere nachfolgende Persohnen mit grossem Geschrey, Hohn, Spott, und Auslachen in dem Zimmerhof genöthiget, vor demselben Hof nicht wieder heraus auf die Gassen lassen wollen, sondern alle Thoren und Thüren, dadurch man in die Stadt und saubere Gassen kommen könnten, mit ebenmäßiger Gewalt von Büchsen, Spiessen, Helleparthen, Stangen, Kolben, und Scheiteren, (die fast an jedem Ort, wo man die Procession nicht ein- oder fürüberlassen wollen, haufenweiß gelegen,) in grosser Anzahl fürgestanden, und durch dieselbe gar nicht lassen wollen, sondern damit von vorobgemeldten Hof auf die Stadtmauer, von derselben von einer unsauberen übelriechenden an erstberührter Stadtmauer gelegenen Gassen in die ander bey dem Wernithor und Hezenberg türüber, und bey Endriß Wolfen des Gastgeberen Behaussung herfür über den Pfarrkirchhof bis weit in die Pfleggassen hinein mit aller Orten sowohl aus denen

Häusse-

Häufferen, als auch auf denen Gassen erschollenen gleichförmigen Geschrey, Spotten und Verlachen, wieder anheim in die Kirchen getrieben, und was der unzählig verübten höchststrafmäßiger freventlicher muthwilliger Ungebühr mehr ꝛc. dessen sich oftgedachter Abbt bey ehrengedachten Bischoffen zu Augspurg Andt. als Schutzherren und Ordinario Loci beklagt, und nun uns S. des Bischoffen Andt. nicht weniger „als vor diesen noch„mahls demüthigst angeruffen und gebetten, daß wir wider diese abscheu„liche landfriedbrüchige Thaten, dadurch die Poen vielbesagter Religion„und Landfriedens-Constitutionen fürsetzlich und ohnwidersprüchlich ver„würkt seye, unser gerechtes Einsehen fürzuwenden und zu exequiren gnädigst geruheten. Wann wir dann tragendem unseren kaiserl. Amt gemäß dem beleidigten, wie billig, Rechtens zu verhelfen schuldig und geneigt seyn: Hierum so, ist heut dato nach reifer Erwegung der Sachen wider euch folgende anderwärtige Ladung, Mandat erkennt, heuschen und laden Euch darauf von römischer kaiserl. Majestät Macht, auch Gerichts- und Rechtswegen, daß ihr innerhalb 36. Tagen, den nechsten, nach dem euch diese unsere kaiserl. Ladung verkündiget wird, deren wir euch Zwölf vor den ersten, Zwölf für den anderen, und Zwölf für den dritten, letzten, auch endlichen Rechtstag setzen und benennen, peremptorie, oder ob derselbige Tag nicht ein Gerichtstag seyn würde, den nechsten Gerichtstag hernach durch euren vollmächtigen Anwald, an unserem kaiserl. Hof, welcher Enden derselbe der Zeit seyn würde, erscheint, zu sehen und hören, euch wegen oberzehlter, wider unser hievoriges Gebott freventlich verübten muthwilliger Gewaltthat, in die Poen mehr obangeregter Reichs-Constitutionen, auch des Religions- und Landfriedens darzu, insonderheit unserer und des heil. Reichs Acht gefallen seyn, mit Urtheil und Recht sprechen, erkennen, erklären, und öffentlich verkündigen, oder im Recht gegründete Einreden, ob ihr einige hättet, warum solches nicht geschehen solle, fürzubringen, auch die Sachen und allen ihren Gerichtstagen und Terminen bis nach endlichem Beschluß auszuwarten: Wann ihr kommt und erscheinet, also oder nicht, so wird nichts destominder auf des klagenden Theils oder seines Anwalds gehorsamst Anruffen im Rechten gehandelt und procediret, wie sich eignet und gebühret: für Eins, „vors ander, so erneueren, „wiederholen und bestättigen wir auch das Mandat de amplius non tur„bando nec offendendo, allermassen solches unserer vorigen Citation angeheftet ist, mit dem nochmahligen ernsten und endlichen Befehl, daß ihr bey Vermeidung unserer und des heil. Reichs Acht und Aber-Acht, auch

D 2   Verlust

Verlust aller und jeden von uns habenden Privilegien, und anderer Begnadigungen, wie die Namen haben, demselben durchaus in allem seinen Innhalt gebührenden schuldigen Gehorsam vollkommlich leistet, und darwider selbst, oder durch andere, heimlich oder öffentlich, in keinerley Weiß oder Weg das wenigste thut, noch das jemanden zu thun gestattet, oder verhänget, als lieb euch ist, unserer kaiserl. Majestät schwere Ungnade, und darzu nechstbestimmte Poen und Strafe zu vermeiden, das meinen wir ernstlich). Geben auf unserem königl. Schloß zu Prag den 3. Tag des Monats Septbr. anno 1606. unserer Reiche des Römischen im 31., und des Böhmischen auch im 31.

§. 28.

Um nun die zwey ergangene kaiserl. Mandaten zum Vollzug zu bringen, wurde von kaiserl. Majestät dem Herrn Herzogen in Bayern hochfürstl. Durchlaucht die Execution aufgetragen, und zugleich, weil Herr Abbt zum heil. Creutz auf St. Marcus Tag abermahlen eine Procession halten wollte, und man wiederum einen neuen Tumult, wie voriges Jahr beschehen, besorgte, an Burgermeister und Rath ernstlich geschrieben, und ihnen solche Execution angekündet, welches Schreiben 1) ihnen etliche bayerische Räthe den 13. April 1607. nach der Mittagszeit, als eben der Rath es gemeiner Burgerschaft vorhielte, sich aller fernern Thätlichkeiten gegen die Procession zu enthalten, nebst einem mündlichen Vortrag überlieferten, und anbey begehrten, daß solches eröfnet, und in ihrer Gegenwart verlesen werden sollte.

1) Kaiserliches Schreiben an Burgermeister und Rath zu Donauwörth, darinnen die Execution, so ihrer fürstl. Durchlaucht in Bayern aufgetragen worden, verkündiget wird.

Rudolph der Ander, von Gottes Gnaden ꝛc. ꝛc. Liebe getreue: Nachdeme uns die Handhabung des hochverpönten Religions, und Landfriedens oblieget, und wir aber noch wohl ingedenk seyn, was verschienen Jahrs in der Creutzwochen und offener Procession durch etlich zusammengerottes muthwilliges Gesindlein bey euch für ein hochgefährlicher Tumult

Tumult und Auflauf erregt worden, darwider ihr zwar eueres Theils allerhand Entschuldigungen, als ob solches ohne euer Geheiß und Willen fürgegangen wäre, eingewendet, hierum haben wir dergleichen hinführo zu verhüten, dem hochgebohrnen Maximilian, Pfalzgrafen bey Rhein, Herzogen in Ober- und Nieder-Bayern, unserm lieben Vettern und Fürsten, Commission und Gewalt aufgetragen, daß Seine Liebden in unserem Namen und an unser Statt, als ein nahend gesessener ansehnlicher Fürst des Reichs, einsehen, fürwenden und die Geistlichkeit sowohl Weltliche, der heil. alten catholischen Religion zugethane Personen, für weiteren Spott und Schaden schützen, und ehegemeldten Catholischen an Exercirung ihres Gottesdiensts, keine Verhinderung geschehen, lassen solle: ermahnen und befehlen demnach euch hiermit ernstlich und endlich, daß ihr gedachten unsers Vetterns Liebden, oder dero Subdelegirten hierunter allen Respect und Ehre erzeiget, euch erstverstandener unserer kaiserl. gerechten Verordnung mit nichten widersetzet, sondern vielmehr bey den eurigen, und in eurem Gebiet aller Unruhe dermassen fürkommet und abschaffet, damit es würklich schärferer Zuthuung nicht bedürfe: An dem erstattet ihr zur Gebühr und Schuldigkeit unseren ernsten endlichen Willen und Meynung. Geben auf unserem königl. Schloß zu Prag den 7. Martii anno 1607. unserer Reiche des Römischen im 33. des Hungarischen im 35. und des Böhmischen auch im 32.

Rudolph.

Leopold von Stralendorf.

Ad Mandatum Sacræ Cæs. Majestatis Proprium.

§. 29.

Ehe und bevor aber die bayerischen Räthe noch mit ihrem Schreiben hervorruckten, hatte der Rath schon eine Eventual-Protestation 1) aufgesetzt, und den 11. Aprill an verschiedenen Orten der Stadt zu jedermänniglicher Nachricht anschlagen lassen; damit nun die anno 1607. vorzunehmende Procession ohne alle Gewaltthätigkeiten und in Ruhe vorsich gehen möchte, sind die bayerische Räthe beordert gewesen, solche versöhnlich im Namen Ihro hochfürstl. Durchlaucht zu begleiten.

Weil

Weil aber der Pöbel äusserst aufgebracht, und sich verlauten
liesse, unter den schimpflichsten Drohworten, die bayerische subdelegirte Räthe gar zu tödten, und auch die Bürgerschaft erkläret, ehender Leib und Leben zu lassen, als den Durchgang
zu gestatten, so wurde Gewalt für Rathe eingestellt, wobey
die Bürgerschaft nicht nur allein bey Tag in dem Wirths-
haus, wo sich die bayerische Räthe aufhielten, sondern auch
die Nacht hindurch denen hochf. Subdelegirten in dem Kloster,
als wohin sich solbige mehrerer Sicherheit halben begäben,
dergestallten grobe Beschimpfungen angethan, daß die Subdelegations-Commißion genöthiget ware, sich in das nächst gelegene Städtchen Rhain zu begeben, und von daaus ihre Commißion zu besorgen. Wiewohl der Magistrat alles von sich abzuleinen, und es der Ausgelassenheit des Pöbels zuzuschreiben
suchte. 2)

1) Des Raths zu Donauwörth öffentliche per Edictum angeschlagene
Protestation, wegen des begehrten Creutzgehens, den 11. Aprillis anno
1607.

Kund und zu wissen seye männiglich, demnach die ehrsamen Burgermeister und Rath des heil. Reichsstadt Donauwörth dem Herrn Abbt
zum heil. Creutz allhie von einem Jahr eine schriftliche Protestation und
Warnung durch den Stadtamtmann haben insinuiren und einantworten
lassen, und sich darauf gänzlich versehen hätten, es sollte der Herr Abbt
mit dem Creutzgehen durch die Stadt, wider alte Gewohnheit von der
Zeit an des im heil. Reich aufgerichteten Religionsfrieden nichts attentirt
und fürgenommen haben: Er aber ohngeachtet solcher Protestation und
Warnung fortgefahren, und dem Religionsfrieden zuwider, sich eines gefährlichen neuerlichen Eingangs unterstanden, darauf von dem gemeinen
Mann ein Tumult und Auflauf erfolgt, daran gleichwohl ein Rath keinen
Gefallen gehabt, und dann wohlgedachter Herr Abbt auch dieses Jahr
sich solcher ungewöhnlichen Procession durch die Stadt mit fliegenden Creutz-
Fahnen unterstehen möchte, davon doch ein Rath ihne Herr Abbt abermahls öffentlich gewarnet und abgemahnet haben will, und aber nichts
destoweniger der Herr Abbt, wider alles protestiren und warnen, in seinen

nen unbefugten Fürnehmen fortfahren, und Lites pendente Actum possessorium mit Gewalt begehen und attentiren sollte: So will ein ehrsamer Rath öffentlich vor jedermänniglich von solcher Nullität und Nichtigkeit in bester Form protestirt und bezeugt, und Ihme Abbten hierdurch im wenigsten seine Gerechtigkeit ohnges Actus possessorii eingeraumet, noch hiemit sich des Iuris et Possessionis prohibendi, der von Obrigkeits wegen zuläßigen Abschaffung und Verwehrung solcher, und anderer dergleichen dem Religionsfrieden zuwider fürgenommenen Attentaten und Neuerungen mit nichten begeben, sondern inskünftige sich derselbigen zu keiner Zeit gebrauchen, gemeiner Stadt ausdrücklich reservirt und vorbehalten haben, hierüber zum zierlichsten vor jedermänniglichen sich bezeigende.

1) Donauwörth. Relation l. c. p. 32. 46.

§. 30.

Wegen dem vorliegenden kaiserl. Schreiben suchten Burgermeister und Rath bey denen bayerischen Räthen um einen Tag Bedenkzeit an, nach welchem Sie die Erklärung der Burgerschaft denenselben hinterbringen liessen, daß gemeine Burgerschaft dem Herrn Abbt den Gang allein an der hinteren Gassen, wie vor Alters geschehen, und sonst auf eine andere Art nicht geständig seyn könnte.

Weil nun die Stadt die anverlangte Creutz- und Fahnen-Gänge nicht gänzlich zugeben wollte, wurde von dem kaiserl. Hof den 3. August mit der Acht fortgefahren, und die endliche Vollziehung derselben dem Herzogen in Bayern nochmahls aufgetragen, welcher alsobald den 25. August und 4. Septemb. seine subdelegirte Kriegs- und gelehrte Räthe, samt einem kaiserlichen Herolden, und 3 Trompetern nach Donauwörth abschickte, und den Rath befragen liesse, ob er denen überreichten kaiserl. Mandatis all ihres Innhalts gehorsamlich nachkommen, und den Subdelegirten eine schriftliche Urkunde unter der Stadt-Innsiegel übergeben, die 2 in Donauwörth verhafte Burger zu der Subdelegirten sicheren Händen und Gewahrsame liefern, sofort auch, die übrige Burger, welche sich

sich in dieser Sache respectswidrig betragen, nahmhaft machen wolle.

Der Magistrat bathe sich, um die verlangte Erklärung abgeben zu können, einen Monat Bedenkzeit aus, konnte aber nicht mehr, dann einen Tag erhalten, während welchem sich der Rath mit der gesammten Burgerschaft einer endlichen Resolution halber dahin verglichen, und selbige durch den Stadtschreiber den 29. August an die Herrn subdelegirte Räthe überschickte. 1)

1) Copia der Donauwörther gegen Sr. fürstl. Durchlaucht in Bayern gethanen Erklärung und Erbiethen.

Gnädigster Fürst und Herr: Was im Namen der römisch-kaiserl. Majestät unsers allergnädigsten Herrn Euer fürstl. Durchlaucht uns verschiedener Tagen durch dero subdelegirte vornehme Räthe und Commissarios in Beysein eines kaiserl. Herolds fürhalten lassen, von wegen der Irrungen, so sich zwischen dem Abbt des Klosters zum Creutz an seinem, und uns auch gemeiner allhiesigen Burgerschaft am anderen Theil der Procession und Creutzgänge halben erhalten, das ist uns und gemeiner allhiesigen Burgerschaft über die massen bekümmerlich zu Gemüth gegangen. Dann wie wir gleichwohl ein armer Standt und Stadt des heil. Reichs, ohne Ruhm zu melden, gegen ihro kaiserl. Majestät uns jederzeit alles unterthänigsten gehorsams beflissen, bey dem wehrenden ungarischen Kriegswesen mit Contributionen, Musterplätzen, und Durchzügen vor andern hochbeschwert worden, und das Unserige willig dargesetzt, also ist uns von Herzen leid, daß anstatt der verhoften kaiserlichen Gnade wider all unser Verschulden und Versehen wir hören müssen, daß wir und gemeine Burgerschaft in ihrer kaiserl. Majestät und des heil. Reichs Acht erkannt oder erklärt werden solten. Wir leben aber der getrösten und ohngezweifelten Hofnung, weil wider ihre kaiserl. Majestät Hoheit, und des heil. Reichs Constitutiones wir uns wissentlich nie vergriffen, dasjenige auch, was wider unsere etliche Mitbürger eines entstandenen Tumults und Zusammenlaufens halben geklagt worden, gar nicht mit unserem Willen, vielweniger aber aus Befehl oder im Namen der Stadt, noch aus einem bössen Vorsatz oder Deliberate geschehen, deswegen auch einige Vorbereitung mit Gebung eines Glockenstreichs, Versammlung der
Zünften,

Zünften oder sonsten nicht vermerkt werden könnten. Allerhöchstgedachte Kaiserl. Majestät werden insonderheit die Unschuldigen mit Gnaden bedenken, und uns sammt der Burgerschaft in einer so großwichtigen Beschuldigung, so unser Leib, Haab, und Guth betrift, zu allergnädigster nothwendiger Verhör und Verantwortung kommen lassen, mit unterthänigster Bitte, E. fürstl. Durchlaucht geruhen uns dazu alle gnädigste Beförderung zu erweisen. Wir bedanken auch gegen E. fürstl. Durchlaucht uns zum höchsten, daß sie in dieser weit aussehenden Sachen so gnädigste Moderation einwenden, und zu Verhütung grösseren Unheils uns etliche gütliche Mittel an die Hand geben lassen, und ob uns wohl sehr angenehm, auch vieler Respect halber gar nöthig gewesen, uns eine geraume Dilation zu vergönnen, dieweil aber die subdelegirte Herrn kaiserl. Commissarii aus fürgewandten gemessenen Befehl uns auf heut dato einen endlichen Termin zu unserer Erklärung ernennet, und angesetzet, so haben wir auch, in deme unseren willigen Gehorsam wollen erscheinen lassen.

Und nachdem Euer fürstl. Durchlaucht subdelegirte Räthe uns fürnehmlich nachfolgende 3 Puncten vorgehalten: Erstlich, daß wir den kaiserl. Mandaten ein gehorsames Genügen leisten, und ihnen deswegen unter gemeiner Stadt-Insiegel eine schriftliche Recognition zustellen. Zum andern, daß wir allhier zwey verhafte Persohnen zu ihren sicheren Handen lieferen, und dann zum dritten die übrige Persohnen, so sich in diesem Werk ungebührlich verhalten, nahmhaft machen sollen.

So haben wir nicht unterlassen, uns hierüber mit dem grösseren Rath und der ganzen Burgerschaft nach Nothdurft zu unterreden, und ob man sich wohl, so viel den ersten Punct betrift, der Billigkeit nach versehen, der Herr Abbt und Convent des Klosters zum Creuz allhier, samt seinen Angehörigen und Religionsverwandten, sollten sich des alten Herkommens begnügen lassen, und gleich ihren Vorfahren die Procession und Creutzgänge auf die Weise nicht suchen, wie es ihnen vorhin niemahlen wissentlich gestattet werden wollen, sonderlich, weil sie derselben mit Tragung eines fliegenden Fahnens von Zeit an des aufgerichten heilsamen Religionsfriedens niemahlen in Uebung gewesen, jedoch aber allerhöchstgedachter Kaiserl. Majestät zu unterthänigsten Ehren, und Vorbehaltlich des künftigen rechtlichen Austrags, haben wir uns dahin einhellig verglichen, und mit starken Zusprechen auch die ganze Burgerschaft dahin vermöget, thun uns auch dessen anstatt der begehrten schriftlichen Urkunde hiemit samt und sonders erklären, und bewilligen, daß wir wohlgedachten

E

Herrn

Herrn Abbt und Convent, sammt ihren Angehörigen und Religionsver,
verwandten in dieser Stadt auf etlichen gewissen Gassen und Plätzen,
deren wir uns mit dem Gegentheil zu vergleichen erbiethig, die gesuchte
Creutzgänge und Processionen hinführo nicht mehr weigeren, noch sie daran,
und sonderlich an Tragung des offenen oder fliegenden Kirchenfahnen in
einigerley Weise verhinderen, sondern sie dabey so lange ruhig verbleiben
lassen, bis an gehörigen Orten ein anderes in Petitorio oder Possessorio
mit Recht erkannt wird, doch alles mit der lauteren ziemlichen Protestation, daß solche Bewilligung uns und gemeiner Burgerschaft, wie auch
allen anderen Ständen der augspurgischen Confeßion, an ihren allerseits
hergebrachten Obrigkeiten, Bestellung der Religion, Kirchengebräuchen,
und Ceremonien, zu keiner beschwerlichen Nachfolg, Präjudiz oder Nachtheil, wie das immer Namen haben möchte, soll angezogen werden, des
allerunterthänigsten Getröstens, allerhöchstgedachte kaiserl. Majestät und
Eure fürstl. Durchlaucht werden solche unsere wohlmeinende, zu Fried und
Ruhe angesehene Erklärung zu gnädigstem Gefallen vermerken, und sich
zu keiner ferneren Ungnade gegen uns bewegen lassen, fürs erste.

Belangend den anderen und dritten Punct wissen wir uns zwar des
Erbiethens, so gegen Eure fürstl. Durchlaucht subdelegirte Räthen wir
wegen Lieferung der zwey verhaften Persohnen gethan, noch wohl zu erinneren, darbey wir es dann auf den äussersten ohnverhoften Fall, da keine
andere Mittel vorhanden, verbleiben lassen müssen. Nachdem aber eine
ganze Burgerschaft dieser Stadt um ihre Erledigung ganz flehentlich und
um Gottes Willen gebetten, zudeme die beyde Gefangene des beschuldig-
ten Verbrechens noch zur Zeit nicht geständig, noch genugsamlich über-
wiesen, in Eventum aber und im Fall sie in trunkener Weise, oder sonsten aus Unbedacht etwas ausgestossen, dadurch allerhöchstgedachte kaiserl.
Majestät, oder auch Eure fürstl Durchlaucht, und derselben subdelegirte
Räthe zur Ungebühr verletzet und offendirt worden, so bezeugen sie mit
höchster Betheurung, daß bey ihnen einiger gefährlicher Vorsatz oder
Propositum maledicendi nicht gewesen, mit aller unterthänigster und fle-
hentlicher Bitte, sie um ihren unschuldigen Weib und Kindern willen zu
allergnädigster Erledigung und Aussöhnung kommen zu lassen, nach dem
Exempel der alten löbl. Kaiser Theodosii, Arcadii, und Honorii, welche
an Rufinum præfectum prætorio ein Rescript des Innhalts lassen abgehen: Si quis Modestiæ nescius et pudoris ignarus improbo petulantique maledicto Nomina nostra crediderit lacessanda, ac temulentia tur-
bulen-

bulentus obtrectator Temporum noſtrorum fuerit, eum Pœnæ nolumus
ſubjugari, neque durum aliquid nec asperum volumus, quoniam ſi id
ex Levitate proceſſerit, contemnendum eſt, Si ex Inſania, Miſeratio-
ne digniſſimum; Si ab Injuria, remittendum.

Wir bitten aber ſchlüßlich ganz unterthänigſt, dieſe unſere Errinnerung dahin nicht zu verſtehen, als ob wir die Delinquenten zu übertragen
gemeinet, ſondern wie allerhöchſtgedachter kaiſerl. Majeſtät wir uns zu
alleruntertthänigſtem Reſpect und Gehorſam verbunden wiſſen, alſo erkennen wir uns auch ſchuldig, und ſeind darzu jederzeit geneiget, ihrer Majeſtät, Hoheit, ſo viel an uns, gebührlich zu defendiren, und gegen den
convincirten Uebertrettern die verdiente Strafe und Animadverſion fürzunehmen, ſo Eure fürſtliche Durchlaucht wir hinwieder zu unſerer begehrten Erklärung auf obbemeldte 3 Puncten in Unterthänigkeit nicht verhalten ſollen, und thun Euer fürſtl. Durchlaucht uns damit zu Gnaden unterthänigſt befehlen. Datum 29. Aug. anno 1607.

§. 31.

Dieſe Erklärung wurde aber von denen Subdelegirten äuſ-
ſerſt übel aufgenommen, und dem Magiſtrat neuerdings ein
peremptoriſcher Termin von einem Tag geſetzt, an welchem er
ſich erklären ſolle, ob denen von dem Magiſtrat ſelbſten vor-
geſchlagenen Gnadenmitteln wolle Parition geleiſtet werden. 1)

1) Der bayeriſchen Herrn Subdelegirten, den 29. Auguſt 1607. alten
Calenders, zu Rhain dem Stadtſchreiber zu Donauwörth in die
Feder dictirte Reſolution.

Wir haben deren von Donauwörth ſchriftliche, und durch euch
Stadtſchreiberen endliche Reſolution verleſen, und nicht mit geringem Entſetzen dieſelbe viel anderſt befunden, als des Raths erwiedertes Vertrö-
ſten, ſelbſt gethaner Vorſchlag, bey der römiſch-kaiſerl. Majeſtät unterthänigſt Bitten, auch vor Augen ſchwebende Gefahr, und Euer obliegen-
des Amt vermag, erfordert, und euch ſelbſt dazu ermahnet, ja anſtatt und
wider Euer der römiſch-kaiſerl. Majeſtät unterthänigſte Erklärung, Abbit-
ten und gehorſamſtes Erbiethen, will man in Facto darüber Ihro Majeſtät zur Declaration verwürkter Poen beweget, nunmehro gleichſam gar
juſtificiren und zu gering achten, als wenn Euch und eueren Burgern zu
viel Unrecht geſchehe.

Es läßt sich auch ansehen, daß, wo es nur seyn könnte, eurer nächsten Erklärung zugegen, ihr nunmehr so viel suchet, damit die zwey verhafte Persohnen nicht mehr geliefert, sondern, da sie oder andere bey euch convinciret, ihr die Strafe gegen ihnen vorzunehmen vermeynet.

Zuforderst aber ist dieß ein unverantwortlicher Griff, indem ihr den Rath jüngst bey höchst-berührter kaiserl. Majestät, in euer und etlicher Burger Entschuldigung vorgebet, daß ihr an dem Aufruhr unschuldig, jederzeit gehorsam, die kaiserl. Mandaten in gebührendem Respect gehabt, jetzt aber, da ihr solches auf vorgehend euer flehentlich Bitten in der That sollt erweissen, laust ihr solchem eurem Bitten um Gnade, und angezogenen Mitteln meistentheils zuwider, restringiret und limitiret dieselbe, wie auch zuforderst die kaiserl. Mandata contra Tenorem eorundem eures Gefallens, und gleichsam Schimpfsweiß auf gewisse Gassen allein mit dem Creutzfahnen, da doch die Mandaten viel ein anderes und mehreres ausweissen, auch ernstlich einbinden, auch die Proceßionen ohne das nicht allwegs geschehen pflegen; aus welchem dann, weil ihr euch selbst eines besseren wißt zu berichten, halten wir gänzlich dafür, daß, wo ihr nicht mit uns spielen, und vorige Neuerung zu suchen gedenket, euch doch gewiß mit eurer solchen jetzigen Resolution nicht mit Ernst, und der Meynung übergeben lassen, uns, die wir bishero zum glimpflichsten, mitleidentlich, und wohlmeinend mit euch gehandelt, zu versuchen.

Wann wir dann in die 6. Tage allhier, mit grossen Unkosten euch zu erwarten, die bewilligte Gnadenmittel mit mehreren Circumstantien, zu Abwendung der Gefahr, so treuherzig vorgetragen, und zu dem, was recht und billig, daß für sich selbst euch gar nichts präjudicirlich, in anderen ansehnlichen grossen Reichsstädten üblich, ohnverhindert männigliches gebräuchlich, ganz wohlmeynend ermahnet, auch die gemessene Instruction mit den Proceßionen, auf so inständig eures gehorsams Erbiethen zu allem Ueberfluß bishero eingestellet.

Wir aber jetzt ieferner nicht umhin können, so erforderen wir noch diesen Tag präcise endlich und peremptorie von Euch, eure richtige, unverdunkelte, nicht limitirte Erklärung, ob nehmlich ihr die in unseren Vortrag angehörte, und meistentheils durch euch selbsten angedeute Gnadenmittel in allen ihren Puncten wollet gehorsam leisten, darüber diese Urkund und Schein verfertiget, und unterschriebener jetzt angesetzter Zeit, oder zum längsten Morgens um 7. Uhr uns wiederum zurücksenden, mit dem Anhang, daß nach Verfliessung solchen Termins, ihr thut solches oder nicht,

nicht, wir nunmehr in Namen Gottes in der kaiserl. Commißion werden fortfahren.

§. 32.

Noch an demselbigen Tag wurde dem donauwörthischen Stadtschreiber eine Formula Documenti Paritionis 1) schriftlich mit dem Befehl zugefertiget, daß Burgermeister, Rath, und die gemeine Burgerschaft selbige unter ihrem Namen und gemeiner Stadt-Innsiegel von sich geben sollen, widrigenfalls den anderen Tag die Achtserklärung publicirt werden solle.

1) Concept ersten Reverses, wie sich die von Donauwörth zur Parition verbinden sollen, und ihnen von denen bayerischen Herren Subdelegirten vorgeschrieben worden.

Wir Burgermeister und Rath der Stadt Donauwörth, bekennen vor uns, alle unsere Burgerschaft, Innwohner und Nachkommen, mit diesem offenen Brief, und thun kund gegen jedermänniglich: Nachdem die römisch-kaiserl. Majestät, unser allergnädigster Herr, von wegen unter unser Burgerschaft entstandenen Tumults, wider den Herrn Abbt zum heil. Creutz allhier, wegen Verwehrung der öffentlichen catholischen Processionen und Creutzgäng, auch anderen mehrgeübter strafmäßiger Ungebühr, unterschiedliche Citationes und Mandata auf den Religions- und Land-Frieden, wider uns erkennen und insinuiren lassen, neben solchem auch einer kaiserl. Commißion auf den durchlauchtigsten Fürsten und Herrn, Herrn Maximilian ꝛc. ꝛc. unserem gnädigsten Herrn, hievor angedeuter Sachen halber allergnädigst ausgefertiget, dem Ihro fürstl. Durchlaucht sich Ihro kaiserl. Majestät zu gehorsamen Ehren unterfangen, deroselben fürnehme Räthe und subdelegirte Commissarien allhier zu uns abgefertiget, und gnädigste wohlmeinende Handlung pflegen lassen, dieselbe aber bey Theils unseren tumultuirenden Burgeren und hartsinnigen Pöbel unverfänglich gewesen.

Dannenhero Ihro höchstermeldte kaiserl. Majestät berursachet worden, auf Dero zuvor erkannte und insinuirte kaiserl. rechtmäßige Proceß ad ulteriora zu schreitten, auch nach rechtmäßigem zeitigem Rath uns und unsere Burgerschaft in Ihro kaiserl. Majestät, und des heil. Reichs Acht zu erklären, auf den Fall beharrenden Ungehorsam eine Denunciation wi-

der

der uns zu verfassen, auch Executorial- und Achtsbrief auszufertigen, welcher Achtserklärung, Publication, sammt was derselben nachfolgig, Ihro kaiserl. Majestät zuvor hochermeldter fürstl. Durchlaucht in Bayern committiret, und deroselben ihren vollkommenen kaiserl. Gewalt geben, uns und allerseits Interessenten auf einen gelegenen Tag und Ort obberührte Urtheil anzuhören, vor ihro fürstl. Durchlaucht oder dero Subdelegirte zu erscheinen, zu heuschen und laden, die kaiserl. Urtheil ihrer Majestät Ehrenholden mit gewöhnlichen Solennitäten, wie es des Reichs Recht und Ordnung erfordert, publiciren zu lassen, auch fürters mit der Denunciation, sammt denen Executorialen und Achtsbriefen, der Nothdurft und Gebühr nach, zu verfahren, welchen jetzt verstandenen Innhalts der kaiserl. Commißion Ihro fürstl. Durchlaucht auch Vollziehung thun sollen und wollen, jedoch zuforderst und benebens zu Gemüth geführet und angesehen, was oft höchstermeldter kaiserl. Majestät wir allerunterthänigst zugeschrieben, und flehentlich gebetten, unser mit gedrohter Strafe der Acht gnädigst zu verschonen, und die allbereits gefaßte Urtheil einzustellen, die Unschuldige der Schuldigen nicht entgelten, sondern wider die Schuldigen inquiriren und verfahren zu lassen, darauf auch uns diesen milden und Gnadenweg durch Ihro fürstl. Durchlaucht vornehme subdelegirte Räthe auf hernachfolgende Maaß, Weg und Weiß eröfnen, auch dessen fähig werden, und geniessen lassen: Als zusagen und versprechen wir hiermit in Kraft dieß Briefs, daß hinführoan der Abbt zum heil. Creutz und sein Convent allhier, wie auch des Gotteshauß Zugehörige und Verwandte, samt anderen in dieser Stadt allbereits wohnenden, sowohl ins künftig, ohne einiges unser Verhinderen einkommenden catholischen Burgeren und anderen, welche gemeldtes Gotteshauß zu besuchen begehren, weder ausser- noch innerhalb der Kirchen, in ihren Proceßionen, Begräbnissen, Kindtauffen, tragenden hochwürdigen Sacraments, und allen anderen Religions-Exercitiis, wie sie immer Namen haben mögen, weder durch uns, noch die Unserigen von unserer Burgerschaft, oder auch jemand anderes, deren wir mächtig, weder heimlich oder öffentlich, mit nichten turbirt, angefochten oder berühret, sondern denselben ihre uralte catholische Religion und deroselben Exercitium frey und ohngehindert gelassen werden, und da wir daneben auch, einig, wider dieses unser Zusagen und Versprechen beleidigten, allen Schaden und Kosten abzutragen schuldig seyn sollen, bey Verliehrung ihrer kaiserl. Majestät Gnade, aller unserer Privilegien, Freyheiten, unser Leib, Haab und Gütter, auch bey

aller

aller deren Pönen, so den vorigen Mandaten einverleibet, treulich und ohne Gefährde.

Wir haben benebenst auch zweyen unserer Bürger, und dieses vorübergangenen Tumults und Empörungs Anstifter und Rädelsführer, Sebastian Schenck, Goldschmildt, und Aßmum Ecker Lober, den Herrn Subdelegirten in Haft und Banden überantwortet, und wollen noch ferner Ihro Durchlaucht andere mehr bey diesem vorgegangen Unwesen interessirten, und deren schuldigen Burgeren und Innwohneren, so uns nahmhaft gemacht werden, überschicken, damit nachfolgendes Ihro kaiserl. Majestät Befehl, und Ihro Durchlaucht gnädigsten Gelegenheit nach, und wie sich von rechtswegen gebühret, nothwendiglich inquirirt, und gegen den schuldig befundenen verbrechenden Persohnen, Haab und Güttern gebührliche Bestraffung möge vorgenommen werden.

Zu mehreren Urkund und Bekräftigung haben wir obberührte Burgermeister und Rath diesen Brief für uns, unser Burgerschaft und Nachkommen mit unseren eigenen Händen unterschrieben, auch mit gemeinen Stadt-Insiegel verfertiget. Geben und geschehen zu Donauwörth, den 8. September, der wenigen Zahl im siebenden Jahr.

§. 33.

Diese nehmliche Paritionsurkunde wiederholte der Magistrat in einem unterthänigsten Schreiben 1) vom 6. Sept. 1607. in Hofnung, daß ihme der letzte Punct, wegen Herausgab deren inhaftirten Burgern nachgesehen werden solle.

1) Abdruck des an die römisch-kaiserl. Majestät von dem Rath zu Donauwörth abgegangenen ersten Paritionsscheins.

Allergnädigster Herr, wir setzen in keinen Zweifel, der durchlauchtig hochgebohrne Fürst und Herr, Maximilian, Pfalzgraf bey Rhein, werde Euer kaiserl. Majestät unterthänigst und ausführlich haben berichten lassen, was wir zu Entfliehung deren uns angedroheten Achtserklärung für eine scharfe Verschreibung von uns geben müssen, welche des Innhalts ist, daß wir nicht allein Euer kaiserl. Majestät vor diesem uns insinuirten Mandaten ein völliges Genügen leisten, sondern auch zweyen unserer Mitburger, so wir eines hiebevor entstandenen Auflaufs und beschuldigter ungebührlicher Reden halben zur Verhaft ziehen lassen, hinaus lieferen, und
dann

dann endlich schuldig seyn sollen, hochgedachtes Herzogen fürstl. Durchlaucht, als Euer kaiserl. Majestät verordneten Commissarien noch fernere Inquisition zu gestatten, und diejenige unsere Burger, so uns nahmhaft gemachet worden, gleichergestallt hinausliefern, und folgen zu lassen. Wiewohl wir nun, so viel die ersten beyden Puncten betrift, Euer kaiserl. Majestät zu allerunterthänigsten Ehren bewilliget, derselben ausgegangenen Mandaten gehorsamste Parition zu thun, zu welchen Gehorsam sich auch die ganze gemeine Burgerschaft, doch unbegeben ihres und gemeiner Stadtrechtens, und künftig-rechtlicher Ausführung in Petitorio und Possessorio, hiemit unterthänigst erklärt: Immassen auch Euer kaiserl. Majestät Befehl, mit Hinausliefrung zweyen unseren verhaften Mitburger allergehorsamste Folge geschehen. So befindet sich doch gemeine Stadt in den obberührten letzten Puncten zum allerhöchsten beschwert, als welcher zu Schmälerung derselben hergebrachten Freyheiten gerichtet, und bitten demnach für uns und gemeine Burgerschaft allerunterthänigst, flehentlich, und um Gottes willen, Euer kaiserl. Majestät geruhen die gegen uns gefaßte Ungnade als ein mildreicher und hochlöblichster Kaiser allergnädigst schwinden zu lassen, und bey angeregtem letzten Puncten solche gnädigste Moderation einzuwenden, damit unser und ganzer Burgerschaft damit verschonet; das gereichet Euer kaiserl. Majestät zu sonderem hohen Ruhm, zu Erhaltung Fried, Ruhe und Gehorsam unter der Burgerschaft, und wollen wir als gleichwohl ein armer Standt und Stadt des heil. Reichs es um Euer kaiserl. Majestät, nichtweniger als bishero bey gewährtem ungarischen Kriegswesen, und sonsten von uns jederzeit willig und ohnverdrossen geschehen, allerunterthänigst zu verdienen nicht unterlassen. Euer kaiserl. Majestät damit uns samt ganzer gemeiner Stadt und Burgerschaft zu kaiserlich-milden Gnaden gehorsamst und besten Fleisses empfehlend. Datum Schwäbisch Wöhrt den 6. Septembr. anno 1607.

Euer kaiserl. Majestät

allerunterthänigste gehorsamste
Burgermeister und Rath,
des heil. Reichsstadt Schwäbisch Wöhrt.

§. 34.

Von Seiten des kaiserlichen Hofs wurde aber auf die von dem Magistrat abgegebene bedüngnißweise Parition keine Ruck-
- sicht

ſicht genommen, welches ſelben veranlaßte, ein weiteres un-
terthänigſtes Deprecationsſchreiben 1) cum Oblatione plenariæ
Paritionis unterm 28. Sept. des beſagten Jahrs ergehen zu
laſſen.

 1) Donauwörthiſches Deprecationsſchreiben an die kaiſerliche Majeſtät,
  cum Oblatione Paritionis plenariæ.

  Allergnädigſter Herr ꝛc. Euer römiſch-kaiſerl. Majeſtät erinneren
ſich ohne Zweifel allergnädigſt, was an dieſelben wir de dato den 12.
dies noch inſtehenden Monats, ſowohl vor uns als im Namen gemeiner
dero Stadt und Burgerſchaft, in Sachen, die zwiſchen uns und dem
Herrn Prälaten zum Creutz allhier, noch ſtrittige Proceßionen und Creutzgänge betreffend, in Schriften alleruntertähnigſt gelangen laſſen, und gebetten: Sollen aber Euer kaiſerl. Majeſtät ferner in gleichem unterthänig-
ſten Gehorſam zu berichten nicht unterlaſſen, als der durchlauchtigſte hochgebohrne Fürſt und Herr, Herr Maximilian, Pfalzgraf bey Rhein ꝛc. ꝛc.
unſer gnädigſter Herr, Seiner churfürſtl. Durchlaucht anſehnliche Räthe,
und ſubdelegirte Commiſſarien vor 6. Tagen nach Seiner fürſtl. Durchlaucht Stadt Rhain abgeordnet, in Meynung, mit uns und gemeiner
unſer Burgerſchaft dahin zu handlen, obermeldten Streit endlich und völlig in der Güte abzuhelfen: Daß wir uns bey etlichen vornehmen Benachbarten, ſo viel in der Eyl möglich ſeyn könnte, um Beyſtand zu werben,
vornehmlich darum verurſachet worden, damit der gemeinen Burgerſchaft
einhelliger Conſens deſtomehr erhandlet, und dieſe beſchwerliche Sache um
ſo viel deſto ſchleuniger und beſtändiger ihre gewünſchte Erledigung hätte
bekommen mögen; dieweil ſich aber die allerſeits geſuchte Aßiſtenz um etwas weniger verzogen, der Herrn Subdelegatorum Gelegenheit aber nicht
leiden wollen, der geſuchten Beyſtand Ankunft zu erwarten, oder uns die
gebettene Dilation, über vorhin gehabte Gedult, zu bewilligen, haben wir
unſers Theils geſchehen laſſen müſſen, daß in derſelben Gegenwart nichts
endliches oder ſchließliches gehandlet werden könnte. Nachdem wir aber
vielgedachter Herren Commiſſarien Meynung dahin geſtellt zu ſeyn ver-
merket, daß die Nothdurft erfordern wolle, daß wir uns mit den Ehrſa-
men des gröſſeren Raths, auch gemeiner unſer Burgerſchaft zuvor einer
einhelligen gleichmäßigen Meynung euer römiſch-kaiſerl. Majeſtät allergnädigſten Mandaten und Befehlen allergehorſamſte Parition zu leiſten

          F   verglei-

vergleichen müssen, hat uns in alle Weg obgelegen seyn und gebühren wollen, solche wohlgemeinte gnädige und günstige Errinnerung in Acht zu nehmen, und so viel an uns ist zu effectuiren.

Wann dann Euer römisch-kaiserl. Majestät Mandaten zu gehorsamsten allerunterthänigsten Ehren zu pariren, wir des kleinern sowohl als die andere des grösseren Raths, sammt der ganzen Burgerschaft insgesammt uns schuldig erkannt, allermassen Euer römisch-kaiserl. Majestät aus hieben liegenden, mit unseren allerseits Handschriften, auch gemeiner unser Stadt gewöhnlichem Innsiegel verfertigtem Documento Paritionis, und zwar so viel allergnädigst befinden, daß wir allem demjenigen, was uns in deme de dato 24. Octobris anno 1605. insinuirtem Mandat auferlegt worden, allergehorsamst nachkommen wollen.

So bitten Euer römisch-kaiserl. Majestät wir vor uns, und im Namen gemeiner unser Burgerschaft nochmahlen allerunterthänigst, und zum höchsten, die wollen bey so beschaffenen Dingen nunmehr die wider uns gefaßte Ungnade gegen uns, als ohne das in viel Weg armen beschwerten Leuten, die wir auch bishero bey Euer römisch-kaiserl. Majestät, als unserem allergnädigsten Kaiser und Herrn, nach äussersten unseren Vermögen alles gern und willig zugesetzt, solches auch inskünftige zu thun erbiethig seyn, allergnädigst schwinden und fallen lassen, und mit dieser unserer allerunterthänigsten Oblation, deren sich eine ganze Burgerschaft mit uns also einhellig, beständig, und endlich verglichen, allergnädigst ersättiget seyn.

Und weilen ermeldte unsere Burger mit Gott und ihrem Gewissen aufs höchste bezeugen und betheuern, daß je Euer römisch-kaiserl. Majestät, oder Ihro Durchlaucht in Bayern, unser gnädigster Herr, und deroselben ansehnliche subdelegirte Räthe von den bereit gelieferten unseren Mitburgeren, oder anderen, deren wir doch keine wissen nahmhaft zu machen, in etwas offendirt worden seyn sollten, daß solches Animo ad maledicendum destinato keineswegs geschehen, bitten Euer römisch-kaiserl. Majestät wir neben ihnen unseren Burgeren allerunterthänigst, und aufs höchste wir immer bitten sollen und mögen durch Gott, die geruhen um ihrer aller unschuldigen herzbetrübten armen Weiber und Kinder willen, dießorts ihnen allergnädigste Remißion zu erzeigen, die zwey gefangene und noch verhafte unsere Mitburger nicht allein aus Gnaden erlassen, und ledig zu geben, sondern auch uns und gemeine Burgerschaft zu vorigen kaiserl. Gnaden wieder auf- und anzunehmen, und uns bey habenden kaiserl.

und

königl. Privilegien allergnädigst zu schützen und handhaben, beneben sich auch in kaiserl. Gnaden errinneren des Exempels der hochlöbl. alten Kaisere Theodosii, Arcadii, und Honorii, welche an Ruffinum Præfectum prætorio ein Rescriptum nachfolgenden Innhalts publicirt: Si quis Modestiæ nescius et Pudoris Ignarus, improbo petulantique Maledicto Nomina nostra crediderit lacessenda, ac temulentia turbulentus obtrectator Temporum nostrorum fuerit, eum Pœnæ nolumus subjugari, neque durum aliquid nec asperum volumus sustinere: Quoniam si id ex Levitate processerit, contemnendum est: Si ex Infania, Miseratione dignissimum: Si ab Injuria, remittendum.

Euer römisch-kaiserl. Majestät uns und unsere arme Burgerschaft zu kaiserl. Gnaden Schutzobhalt, und allergnädigsten willfährigen Resolution in allergehorsamsten Unterthänigkeit befehlende. Datum Donauwörth den 28. September 1607.

Euer kaiserlichen Majestät

allerunterthänigste gehorsamste
Burgermeister und Rath
der Stadt Wörth, vor sich und im
Namen ganzer gemeiner Burgerschaft
daselbst.

§. 35.

Wie aber auf dieses Deprecationsschreiben so wenig als auf die vorhergängige von kaiserl. Majestät eine Ruckantwort mehr erfolgte, so suchte der Magistrat durch die dritte Anerbiethung 1) einer vollkommenen Paritionsleistung, auf die bisher ergangene kaiserliche Mandaten sich für künftiger Ahndung sicher zu stellen, anbey aber zu versprechen, daß dem Herrn Abbt und seinem Convent in der freyen Religionsübung nicht die geringste Hinterniß mehr beschehen solle.

1) Donauwörthische dritte Oblatio Paritionis plenariæ, auf die kaiserl. Mandata.

Wir Burgermeister kleiner und grosser Rath, sammt ganzer gemeiner Burgerschaft der Stadt Donauwörth, bekennen für uns, alle unsere

Mitburger, Innwohner und Nachkommen mit diesem offenen Brief, und thun kund gegen jedermänniglich: Nachdeme die römisch-kaiserl. Majestät, unser allergnädigster Herr, auf Anruffen des hochwürdigen Fürsten und Herrn, Herrn Heinrichen, Bischoffen zu Augspurg, unterm dato Prag den 24. Octobris anno 1605. ein Mandat und Citation auf den Religion- und Landfrieden wider uns Burgermeister und Rath erkannt und insinuiren lassen, darinnen uns bey Poen der Acht verbotten worden, daß wir hinführo gegen den ehrwürdigen Herrn Abbt und Convent des Klosters zum heil. Creutz allhier, auch desselben Zugehörige und Religions-Verwandte, mit eigen gewaltthätiger That durchaus nichts fürnehmen, dieselbige an ihren Creutzgängen und Processionen, wie gleichmäßig den Begräbnissen, Tragung des Sacraments, und Kindertauf, sowohl anderen Ceremonien und Kirchengebräuchen ihrer Religion und Glaubens mit nichten beirren, betrüben, beschweren, oder beleidigen, selbst oder durch andere, heimlich oder öffentlich, in keinerley Weiß oder Weg, sondern, da wir gegen ihnen einige Spruch oder Forderung zu haben vermeinen, uns ordentlichen gebührenden Rechtens gebrauchen, und desselben Austrags und Entscheids sättigen und begnügen lassen sollen, ꝛc. Alles mehreren Innhalts obvermeldten kaiserl. Mandati, darwider wir zwar unsere rechtmäßige Exceptiones eingewendet, und allerhöchstgedachter kaiserl. Majestät in Facto et Jure solchen ausführlichen Bericht gethan, daß wir in gänzlicher Hofnung gestanden, Ihro Majestät sollten angeregtes kaiserl. Mandat und Citation wieder aufgehebt und cassirt haben: Nachdem aber Ihro Majestät eine kaiserl. Commißion auf den durchlauchtigsten Fürsten und Herrn, Herrn Maximilian, Pfalzgrafen bey Rhein ꝛc. ꝛc. unserem gnädigsten Herrn, allergnädigst ausgefertigt, deren ihre fürstl. Durchlaucht sich ihrer kaiserl. Majestät zu gehorsamen Ehren unterfangen, deroselben fürnehmen Räthe und subdelegirte Commissarien anhero zu uns abgefertiget, und gnädigste wohlmeinende Handlung pflegen, und beneben sich lauter vernehmen lassen, im Fall wir uns nicht zum Gehorsam erklären, daß man bereit im Werk und gefaßt seye, mit der angedroheten Strafe der Acht gegen uns würklich und öffentlich zu verfahren, daß wir demnach mehrer Ungelegenheit fürzukommen, und insonderheit allerhöchstgedachter kaiserl. Majestät zu unterthänigsten Ehren bewilliget, zugesagt, und versprochen, bewilligen, zusagen, und versprechen hiemit für uns, und alle unsere Nachkommen, Burgeren und Innwohneren dieser Stadt, daß wir obvermeldtem Innhalt des kaiserl. Mandats in allen seinen Puncten ein

gehor-

gehorsames Genügen leisten, und also wider gedachten Abbt und Convent des Klosters zum Creutz allhier, sammt dessen Zugehörigen und Religions-Verwandten mit eigener gewaltthätiger That nichts fürnehmen, dieselbige an ihren Creutzgängen, Proceßionen, Begräbniß, Tragung des Sacraments, und anderen Ceremonien, Kirchengebräuchen, und befreyten Exercitio ihrer Religion und Glaubens mit nichten beirren, betrüben, beschweren, oder beleidigen wollen, weder für uns selbst, noch durch andere, heimlich oder öffentlich, in keinerley Weiß oder Weg bey wissentlicher Verpfändung aller unser und gemeiner Stadt Haab und Gütter, so viel jederzeit hierzu vonnöthen: Doch weil uns berührte kaiserl. Mandat ausdrücklich zulasset, daß wir einige Sprüche oder Forderung deswegen zu haben vermeinen, daß wir uns des ordentlichen Rechtens mögen gebrauchen, so thun wir uns solche rechtliche Ausführung nicht allein hiemit in Petitorio et Possessorio vorbehalten, sondern bezeugen auch beyneben, daß wir durch diese unsere gehorsamste Einwilligung, sowohl uns und gemeiner allhier eigen Stadt an ihren Privilegien, Rechten und Freyheiten, sonderlich dem hergebrachten Exercitio der Religion, augspurgischer Confeßion, derselben Lehr, Kirchengebräuchen, Ordnungen und Ceremonien, als auch allen anderen Ständen mit nichten präjudicirt und begeben haben wollen.

Dessen zu Urkund haben nicht allein wir die Burgermeister und verordnete des kleineren und grösseren Raths uns selbsten mit eigenen Händen unterschrieben, sondern auch wir die Burgerschaft mit Fleiß erbetten und gebetten, die ehrbare aus allen Zünften verordnete Büchsen- oder Kerzenmeister unsere Mitburger, daß sie für sich und in unser aller Namen sich ebenmäßig unterschrieben, und gemeiner Stadt-Innsiegel hiefür gedruckt.

Geschehen und geben zu Donauwörth den 28. September alten Calenders anno 1607.

Locus Sigilli.

§. 36.

Man glaubte, daß durch die unterthänigst-befolgte Pariticationsanzeige bereits die ganze Sache verglichen, und der Ruhestand vollkommen hergestellt seye, weil der bey diesem Achts-

Proceß gebraucht wordene kaiserliche Herold bey der Stadt um eine Entgeltung seiner Mühewaltung ansuchte, 1) mit welcher ihme auch der Gebühr nach willfahret wurde.

1) Des kaiserlichen Herolds Schreiben um ein Honorarium, an Burgermeister und Rath zu Donauwörth.

Ehrenveste, Fürsichtige ꝛc. ꝛc. denselben seind meine willige Dienste jederzeit bevor. Die Herren werden zweifels ohn sich günstig zu errinneren haben, wie daß die römisch-kaiserl. Majestät, unser allergnädigster Herr, mich Egidium Cryx, Reichsherolden, neben ihrer hochfürstl. Durchlaucht, Herzogen Maximilian in Bayern Commissarien zu den Herrn abgefertiget haben, und weil nunmehr, Gott Lob! das Negotium dahin gedirigirt ist worden, auch in der Güte geschlichtet, also, daß die Herrn nicht allein bey höchstgedachter Ihro kaiserl. Majestät, als auch bey ihrer fürstl. Durchlaucht reconcilieret, sondern eine Gnade erlangt und verglichen seyn: Als ist es anzudeuten, ein altes Herkommen und Gebrauch, den Ehrenholden mit einem Honorario oder Verehrung zu bedenken und zu begaben, wie dann ebenfalls andere des heil. römischen Reichs Städte als auch Straßburg und Braunschweig sich erzeiget und gethan haben, wie sich auch die Herrn Burgermeister, Rathssyndicus und Stadtschreiber, in Beyseyn der Commissarien allda zu Rhain verheissen und zugesagt: Bin derohalben ganz tröstlich der Zuversicht, mit unterdienstlichfreundlicher Bitte, die Herrn werden mich dero Zusagen nach bedenken, das um dieselbe ich wieder rühmlich zu loben und zu verdienen geflissen seyn will, in allen fürfallenden Occasionen, hiemit die und dero gemeine Stadt sämmtlich göttlicher allmächtiger Bewahrung, mich in dero Gunsten und milde Gewährung dienstlich empfehlende. Datum Prag den 6. October anno 1607.

Der Herren dienstwilliger
römisch-kaiserl. Majestät Erhold,
Egidius Krix.

§. 37.

Da aber diese Strittsache auf dem damahls neuerdings eröfneten Reichstag vorgenommen, zugleich aber von dem Herrn Abbt des Klosters besorgt wurde, die evangelischen Stände möchten

möchten sich der donauwörthischen Religionssache annehmen, so hat der Herr Bischof und Fürst zu Regenspurg dieserhalben an verschiedene geistliche Fürsten und Stände geschrieben, 1) mit der Erinnerung, sie möchten sich der Sache mit gemeinsamen Kräften zu billigmäßiger Handhabung des catholischen Wesens annehmen.

1) Schreiben, so der Bischof von Regenspurg an unterschiedliche geistliche Fürsten und Reichsstände mutatis mutandis abgehen lassen.

Hochwürdiger Fürst, unsere freundlich-willige Dienste, auch was wir liebes und gutes vermögen, zuvor, besonderer, lieber und guter Freund: Wir machen uns keinen Zweifel, es werden Euer Liebden auf den von der römisch-kaiserl. Majestät unserem allergnädigsten Herrn ausgeschriebenen Reichstag, auch ihre ansehnliche Abgesandte anhero verordnen, und dasjenige, was dem ganzen heil. römischen Reich zu Nutz und gutem gereichen mag, helfen berathschlagen und abhandeln.

Sintemahlen sich dann ohnlängsten zwischen dem Prälaten zum heil. Creutz in Donauwörth und der Stadt daselbst eine starke Differenz in Religionssachen ereignet, ist zu besorgen, es werden die protestirende Stände sich des Werks einhellig unterfangen, und durch solche Mittel andere Sachen auf die Bahn bringen, und ihr äusserstes tentiren, was sie etwan wider die catholische Religion möchten erpracticiren.

Wie dann Euer Liebden sich wohl zu errinneren haben, was etwan bey vorigen Reichsversammlungen durch die protestirende Churfürsten und Stände, zu merklichem Untergang und Verderben der catholischen Religion, hat wollen gesucht, und die schädliche gottlose Freystellung also eingeführt werden, welches dann nichts anders ist, als eine öffentliche Preißgebung und Verheerung der ganzen catholischen Religion, dann männiglich (leider) mehr als wohl bekannt, was der Gegentheil allbereits vor stattliche Bißthümer, auch unzählbahre ansehnliche Prälaturen hinweggerissen, und wollen allererst im übrigen mit uns abtheilen, welches zwar noch zu vertragen wäre, wann uns der halbe Theil zum besten bliebe ꝛc. Wer will aber glauben, daß solches Bestand haben würde, weil wir täglich sehen, und im Werk erfahren, daß der Religionsfrieden über alle Eyden, Brief und Siegel in keinen Puncten (wann es wider sie ist) gehalten wird. Dannenhero leichtlich zu erachten, daß es von ihnen dahin

hin gemeinet ist, damit sie hierdurch alle Stiften und Bißthümer an sich ziehen möchten. Immassen man siehet, wie sie bishero gehandelt, und wohin sie ihre Freystellung gerichtet haben, da sie nehmlich nur einen Fuß in die Stifte bringen, hernacher lutherische Bischöffe aufwerfen, und alle Catholische weder in Ewigkeit zu den Stiften noch zu derselben Beherrschung und bischöflichen Dignität kommen lassen.

Welches dann gleichergestalt in den Reichsstädten geschiehet: Dann Exempla genug vor Augen, und da es vonnöthen, nahmhaft gemacht werden könnten, und sie also die catholische Religion in Grund ausreuthen, dahin ihnen der böse Feind kein besser Mittel, als die gotteslästerische Freystellung geben können, dadurch ihnen allein alles freygestellet, uns aber alle Freyheit genommen wird, wie sie dann einigen Catholischen (an Orten ihre Freystellung angegangen,) nimmermehr aufkommen lassen.

Unter anderen ist das zum höchsten zu verwundern, und zu beklagen, daß man auch unter den unseren Politischen furchtsame Leute findet, die sich unterstehen dürfen, wider ihr selbst eigen Wissen und Gewissen, die römisch-kaiserl. Majestät, Chur- und Fürsten dahin zu bereden, man müsse wider Gott und Ehr wegen der Zeit Beschaffenheit temporisiren, und etwas nachsehen, unbetrachtet sie wissen und greiffen, daß allein dieß politische Nachsehen und Furcht wir bishero ein Stift nach dem anderen, und darzu Gott und seine Religion verlohren, auch die Reichsstädte solche ganz und gar ausgetilget haben.

Nun wollen wir verhoffen, es werde sich der allmächtige Gott über seine heil. catholische Kirche erbarmen, derselben getreulich beystehen, auch den catholischen geist- und weltlichen Potentaten, Churfürsten und Ständen seine göttliche Gnade verleihen, damit dieselben beförert und beschützt werden: Wie dann jetziger Zeit noch drey stattliche und hochansehnlichste Fürstenhäuser, nehmlich Oesterreich, Bayern, und Leichtenberg, als sonderbahre Columna und Grundvesten, eyfrige Defensores gewesen, und noch seyn, daß auch wir Catholische mit sonderen Ernst, zu Erhaltung unserer Religion, wie eine Mauer fest und steif zusammen halten, die Schläferige (darunter wir uns selbst bekennen müssen) aufgemuntert, und die Wachtsame in ihrem guten Vorhaben gestärket werden, welches dann vermittelst göttlicher Gnaden gar wohl geschehen kann, wann wir geist- und weltliche Reichsstände, (deren, Gott Lob! noch eine grosse Anzahl ist) unsere zu vorstehenden Reichstag Abgesandte solchergestalt abordnen, und darauf instruiren werden, daß sie ihnen am allermeisten das Religions-
Wesen

Wesen einhelliglich zu defendiren und zu erhalten angelegen seyn laffen, wie wir dann wohl wiffen, Euer Liebden hierinnen als ein eyferiger Fürst für sich selbst thun werden.

Daß wir nun dieses Euer Liebden als vertraulich zuschreiben, hat uns verursacht, alldieweil der Reichstag in unserer anbefohlenen Diœcesi und des heil. Reichs Stadt Regenspurg zu halten, angestellet worden, und wir uns vermittelst göttlicher Gnaden selbsten allhier in Persohn befinden wollen, da wir vielleicht Euer Liebden oder anderer geist- und weltlichen Fürsten und Stände Abgeordneten etwas ersprießlich seyn können, wir an uns nichts ermangeln, und hiemit uns zu solchem gutwillig anerbotten haben wollen, wollen auch pro Domo Dei, uns äusserster Mühe und Arbeit nicht bedauern, ja auch, wann es die Noth erfordert, Leib und Leben dabey lassen, so lang wir Athem haben, gleichergestallt wir auch zu allen catholischen Churfürsten und Ständen das Unserige nach allem unserem Vermögen beyzusetzen willig und bereit. Wollten Euer Liebden wir unangefügt nicht lassen, deren wir dann sonsten freundliche Dienstweissungen zu erzeugen, förderst wohl beygethan seyn. Datum Regenspurg den 22. Octobris anno 1607.

Euer Liebden

dienstwilliger
Wolfgang, von Gottes Gnaden,
Bischof zu Regenspurg, Probst
und Herr zu Ellwangen.

§. 38.

Wie man nun auch würklich mit Erledigung des Puncti Iustitiæ auf dem Reichstag den Anfang machte, und die donauwörthische Stritche neuerdings vor die Hand nahme, so wurde während dieser Untersuchung von dem kaiserlichen Hof mit der Acht gegen die Stadt Donauwörth fortgefahren, und der Achtsbrief zu Regenspurg bey währendem Reichstag öffentlich angeschlagen, auch die Vollziehung desselben nochmahls seiner hochfürstlichen Durchlaucht in Bayern specialiter aufgetragen, welche sodann, dieser kaiserlichen Commißion zu Folge, ohnver-

ohnverzüglich ihre Subdelegirte nach Rhain abschickten, die gleich nach ihrer Ankunft den 25. October und 4. November etliche des Raths Deputirte vorsich kommen liessen, woselbst sie nach einer und der andern gethanen Vor- und Widerrede ihnen einen Revers 1) vorlegten, den die Deputirte im Namen des Raths und sämmtlicher Burgerschaft unterschrieben und besiegeln sollten.

1) Neuer und letzter Revers, so denen von Donauwörth wegen Annehmung der römisch-catholischen Burger noch über die kaiserliche Mandata von sich zu geben vorgeschrieben worden.

Wir Burgermeister der kleine und grosser Rath, des heil. Reichs Stadt Donauwörth, bekennen öffentlich, und thun kund gegen allermänniglichen: Nachdem vor diesem in unserer Stadt ein gemeines Statut, Decret und Rathschluß aufgerichtet, des Innhalts, daß hinführo keiner, so der alten ectholischen Religion zugethan, zum Burgerrecht gelassen, zu burgerlichen Aemtern, oder in die Stadt aufgenommen werden sollen, dadurch an der kaiserl. Majestät Religionsfrieden wir uns gröblich vergriffen, auch in allerhöchstermeldter kaiserl. Majestät Ungnade und in die verwürkte Strafe gefallen, Jhro kaiserl. Majestät aber, Kraft dero kaiserl. Amts angeregtes Statutum, Gesatz, und Schluß, als ohne daß es ohnbillig, widerrechtlich, gefährliches, wider den ausdrücklichen Buchstaben des heilsamen Religionsfrieden eingeführtes Werk mit nichten gedulten noch gestatten können oder sollen, auch deswegen und durch dero gevollmächtigten kaiserl. Commissarium, den durchlauchtigsten Fürsten und Herrn, Herrn Maximilian, Pfalzgrafen bey Rhein 2c. 2c. Innhalt gemessenen ernstlichen Befehl uns allergnädigst bey dero kaiserl. Ungnaden und dem Religionsfrieden einverleibten Strafen auferlegt, solch Gesatz, Statutum, und Rathschluß aufzuheben, zu vernichten, und ṯiren, dergestallt, daß solches aus unsern Rathsbüchern ganz ab, todt und ausgethan seyn solle. Wir und unsere Nachkommen wollen auch hinführo keinen Catholischen von dem Burgerrecht, Raths- und gemeinen Aemtern und Diensten unter einigem gesuchten Schein außschliessen, denen der Augspurg. Confessionsverwandten nachsetzen, vielweniger diese den Catholischen vorziehen, sondern jedesmahls die Catholischen, welche die Gebühr zu leisten, willig, und sonsten einiger Unthaten oder bekannten erheblichen Verhinderungen

halber

halber nicht überwieſſen, mit und neben anderen der Evangeliſchen genann-
ten aufnehmen, hierinnen Gleichheit halten, keine arge Liſt oder gefärbten
Schein ſuchen. Auch weil vor dieſem etliche Catholiſche, die um das
Burgerrecht angehalten, bishero noch nicht zugelaſſen, etliche aber in der
Stadt deswegen ſich zu einer andern Religion bekannt, wollen wir dieſelbe
deſſen, und ob ſie noch Burger zu ſeyn begehren, oder auch ihre alte
Religion wieder anzunehmen gemeint, erinneren, auf der ausgeſchloſſen
ferner Anſuchen, dieſelbe, da ſie anderſt anderwärts dazu nicht untauglich,
unweigerlich annehmen, und zu mehrer Anzeige unſers alleruntertänigſten
Gehorſams, auch verhoſter kaiſerl. Hulden, verſprechen wir die nechſte
Stelle in Rath, ſo ledig ſeyn wird, mit einem Catholiſchen zu erſetzen.
In dieſen und anderen, allerdings ohne einigen geſuchten Schein, angezogenen Religionsfrieden, und dieſen darüber ergangenen kaiſerl. Befehl
gemäß uns zu verhalten hierinnen allerunterthänigſt Gehorſam zu leiſten,
darwider nicht zu thun, auf keine Weiß noch Weg ohne alle Liſt: Deß
zu Urkund, und ſolchem allen würklich nachzukommen, haben wir Burgermeiſter der kleiner und gröſſer Rath, unſer und gemeiner Stadt Donauwörth gröſſer Secret zu End dies Briefs für uns aufgedruckt, auch
für die anweſende gevollmächtigte Burgermeiſter- und Rathsverwandte
uns mit eigenen Händen unterſchrieben. So bekennen auch wir der Aus-
ſchuß von der Gemeine und Zünften berührter Stadt, daß wir in dieſes
alles bewilliget, ſolches auch mit unſeren Wiſſen und Gutheiſſen beſchehen,
derohalben das kleinere Innſiegel ebenmäßig aufgedruckt, und uns mit eigenen Händen unterzeichnet. Geſchehen am 8. Tag Monats Nov. als
man zählt nach Chriſti unſers lieben Herrn und Seligmachers heiligſten
Geburt 1607.

§. 39.

In Anſehung aber gemeine Stadt und Burgerſchaft in
dieſen neuen Revers nicht anderſt als mit dem Vorbehalt willigen wollte, daß durch dieſe begehrte Parition ihnen an dem
ordentlichen Austrag Rechtens nichts benommen, ſondern denen Reichsſtänden zu Regenſpurg die Sache zur- Erkänntniß
anheimgeſtellt werden ſollte, und daß man doch ihrer mit fer-
nerer Auslieferung deren inhaftirten Burgern aus beſondern
Gnaden verſchonen, auch die Herrn Subdelegirten ihren Com-
miſſi-

mißionsbefehl vorzeigen möchten, so wurden hierauf der Stadt-Deputirte im Arrest behalten, dem Rath aber den 1. und 11. November eine Citation 1) durch einen kaiserlichen Notarium eingehändigt, und an das Rathhauß daselbst angeheftet, wie auch nachgehends der kaiserliche Achtsbrief den 12. Nov. durch den kaiserlichen Herolden mit allen Feyerlichkeiten publicirt, denen von Donauwörth aber, wegen ihrem Ungehorsam und landfriedbrüchigen Thätlichkeiten, die Acht angekündet, die Execeutorialien 2) aber in verschiedenen Reichsstädten, als zu Nördlingen und Ulm, angeschlagen worden. 3)

1) Citatio an Burgermeister und Rath des heil. Reichsstadt Donauwörth, ad videndum se declarari &c. insinuirt und angeschlagen den 1. 11. Nov.

Von Gottes Gnaden Wir Maximilian, Pfalzgraf bey Rhein, Herzog in Ober- und Nieder-Bayern, als der römisch-kaiserlichen Majestät, unsers allergnädigsten lieben Herrn und Vettern, verordneter Commissarius und gevollmächtigter Gewalthaber, fügen euch Burgermeistern, kleinern und grössern Raths, und ganzer gemeiner Burgerschaft zu Donauwörth hiemit zu wissen: Nachdem ihr als höchstermeldter ihrer kaiserl. Majestät ausgefertigten unterschiedlichen Mandaten, Decreten, und Befehlen, sowohl dero bisher vielfältig an euch gelegte gnädigste Ermahnung und angewandte Gütigkeit, hochsträflich trutzige Verächter, öffentliche Rebellen und Ungehorsame vor solchem eurem vielfältigen hochsträflichen Trutz, öffentlichen Rebellion, Widersätzigkeit und Verachtung wegen, in ihrer kaiserl. Majestät Ungnade, auch die Poen der Acht gefallen, und durch ihro kaiserl. Majestät Definitiv darum erkannt worden seyd: Als citiren, heuschen, und erforderen wir euch in Kraft obgemeldter kaiserl. Commißion und Vollmacht hiermit peremptorie, daß ihr auf Montag den 12. gegenwärtigen Monats neuen Calenders um 9. Uhr frühe Morgens vor unseren Subdelegirten zu Northeim durch euren Ausschuß, sowohl von dem kleinern und grössern Rath, als der gemeine Zünften, erscheinet, die kaiserl. Urtheil publiciren, und euch sammt und sonders, als ihrer kaiserl. Majestät, und des heil. Reichs hochsträflichen Verächter, Rebellen und Ungehorsame in die Poen der Acht öffentlich, und mit allen denen Sollennitäten, wie in Rechten, und des heil. Reichs Constitutionen fürsehen, und

und geordnet ist, durch den kaiserl. Ehrenhold benunciren und erklären, sehet und höret, dann ihr erscheinet also oder nicht, soll nichts destoweniger wider euch, als ihrer Majestät und des Reichs landkündige Rebellen und Ungehorsame, mit der Declaration und Erklärung der Acht, sammt anderen also stracks und uneingestellt procedirt und verfahren werden, darnach ihr euch zu richten. Geben in unserer Stadt München, unter unseren fürstlichen Handzeichen und fürgedruckten Secret, den 2. Monats-Tag Novembris anno der wenigen Zahl Christi 1607.

Maximilian.

2) Kaiserliche Executoriales, wider die Stadt Donauwörth.

Wir Rudolph der Ander, von Gottes Gnaden ꝛc. ꝛc. Entbiethen allen und jeden Churfürsten, Fürsten, Geistlichen und Weltlichen, Prälaten, Grafen, Freyen, Herren, Ritteren, Knechten, Landmarschallen, Landhauptleuten, Landvögten, Hauptleuten, Vitzthumen, Vögten, Pflegeren, Verweseren, Amtleuten, Landrichteren, Schultheisen, Burgermeisteren, Richtern, Räthen, Burgeren, Gemeinden, und sonsten allen unseren und des heil. römischen Reichs, auch unserer Königreich erblichen Fürstenthum und Lande, Unterthanen und getreuen, was Würden, Standes oder Wesens die seyen, dem dieser unser Achtsbrief fürkommt, und damit ersuchet werden, unsere Freundschaft, Gnade und alles Gutes. Hoch = und Ehrwürdige, auch hochgebohrne liebe Freunde, Neven, Oheim, Vetter, Schwager, Chur= und Fürsten, auch Wohlgebohrne, Edle, Ehrsame, liebe Andächtige und getreue: Nachdem wir auf Beklagen und Erfolgen des ehrwürdigen Heinrichs, Bischoffen zu Augspurg, unsers Fürsten und lieben Andächtigen, Burgermeisteren, Rath, und Gemeinde der Stadt Donauwörth mit Urtheil und Recht in des heil. Reichs Acht erkannt und erklärt, auch solches durch unseren ansehnlichen Commissarium, den hochgebohrnen Maximilian, Pfalzgrafen bey Rhein, Herzogen in Ober= und Nieder=Bayeren ꝛc. ꝛc. unseren lieben Vettern und Fürsten, mit gewöhnlichen Solennitäten durch einen hierzu abgeordneten Reichsherolden öffentlich aus dem Frieden in Unfrieden zu setzen, angeschaffet, darzu ihr Leib, Haab und Guth, klagen oder interessirten Theil, und männiglich erlaubet, und darauf dieses Executorial wider sie erkannt worden ist. Hierum so denunciren und verkünden wir Kraft dieß unsers kaiserlichen offenen Briefs, oder glaubwürdiger Abschrift davon, bemeldte Burger-

schaft, Rath, und Gemeinde der Stadt Donauwörth, für unsere und
des Reichs erklärte offenbahre Aechter, und gebiethen darauf, E. L. L.
A. A., und auch allen sammt und sonders, von römisch-kaiserl. Majestät, und bey Poen, auf dergleichen Fall, in unser und des heil. Reichs
Constitutionen bestimmt und ausgedruckt, ernstlich, und wollen, daß nun
E. L. L. A. A. und ihr mehrbemeldte Burgermeister, Rath und Gemeine
zu Donauwörth sammt und sonders für unsere und des heil. Reichs Aechter führohin halten, dieselben weder in unseren des heil. Reichs, noch
auch in unseren erblichen oder euren Fürstenthümern, Landen, Grafschaf-
ten, Herrschaften, Gebiethen, Gerichten, Schlösseren, Städten, Märk-
ten, Flecken, Dörfern, Weylern, Höfen, Häussern, oder Behaussungen
keineswegs einlasset, hausset, hoffet, verberget, äzet, tränket, leidet, für-
schiebet, schützet, schirmet, oder vergleitet, auch einige Durchläuf, Hülf,
Förderung, Fürschub, oder Beystandt, mit nichten durch kaufen oder verkaufen, oder andere Wege thut, ja mit ihnen durchaus keine Gemeinschaft haben, noch solches alles und jedes den einen oder andern zu thun
gestattet, weder heimlich noch öffentlich, in keinerley Weisse, Weg, oder
Schein, sondern sich ihrer entschlagen, auch ihr Leib, Haab und Gütter,
welcher Enden die zu Wasser oder Land betretten, erfahren und gefunden werden, angreiffet, arrestiret, niederleget, bekümmert und verhaftet,
und dergestallt verfahret, was sich dann gegen dergleichen Aechter ereignet
und gebühret, so lang und viel, bis sie ihre verdiente Strafe ausstehen,
in unseren Gehorsam gebracht, und von berührter Acht wiederum, wie
recht ist, absolviret und erlediget werden, auch in dem allen E. L. L. A.
A., und ihr keiner auf den anderen gehet, oder Entschuldigung suchet,
sondern sich in allweg gebührenden Gehorsams verhaltet, und was also
an vielbenannter Aechter Leib, Haab und Guth fürgenommen oder gehandelt wird, darüber sagen und ordnen wir, aus obangeregter unser kaiserl.
Macht, daß dadurch wider uns, und des heil. Reichs, noch jemand anders, das wenigste nicht gefrevelt oder würket seyn, noch dafür gehalten
werden sollen, auch die Aechter dagegen nicht schützen, schirmen, freyen
oder fürtragen sollen: Wie wir ihnen dann durch dieses als erklärten
Aechteren und Unfähigen aller Beneficien, Privilegien und Begnadigungen aufheben, auch sie darinnen nicht begriffen haben wollen. Welche,
oder welcher aber diesem unserm kaiserl. Gebot ungehorsam oder trutziglich
darwider thun würden, in was Schein es geschehe, der oder dieselben
sollen jetzt alsbann, und dann als jetzt ebenermassen in unserer und des
Reichs

Reichs Acht gefallen seyn, und gegen denenselben als Aechteren und Ungehorsame gleichfalls gehandelt werden. Darnach wissen E. L. L. A. A., ihr, und ein jeder sich zu richten. Geben auf unserem königl. Schloß zu Prag den 3. Monatstag Augusti anno 1607., unsers Reichs des Römischen im 32., des Hungarischen im 35., und des Böhmischen auch im 32. Jahre.

  Rudolph.

 L. von Stralendorff v: c.

         Ad Mandatum Sacræ Cæs. Majestatis Proprium.

            God. Hertel.

3) Donauwörthische Relation p. 61.

§. 40.

Ob zwar die Stadt Donauwörth durch die erbärmlichste Bittschriften und Vorstellungen 1) die angekündete Acht noch abzuleinen, sich äusserste Mühe gabe, man auch von Seiten der bayerischen Subdelegations-Commißion die Sache so dilatorisch, als es immer seyn konnte, verhandelte, so wurde die Stadt dessen ohnerachtet, da kaiserliche Majestät durch das widersinnige und schimpfliche Betragen, sowohl des dortigen Raths, als der Burgerschaft äusserst aufgebracht, und von dem Achtsentschluß, wegen den nach der Achtserklärung gegen den kaiserlichen Achtsbrief und die bayerische Subdelegation ausgestossenen Schmähworten und Beschimpfungen, dann unternommene Kriegsrüstung, nicht mehr abzubringen waren, von dem bayerischen Obersten, Herrn von Haßlang, den 6. = 16. December besagten 1607. Jahrs berennt, aufgefordert, und des folgenden Tags darauf, weil keine auswärtige Hülfe mit Grund zu hoffen, auch sonsten keine Gegenwehr vorhanden ware, unter dem Bedüng übergeben, 2) daß sie von Brand und Plünderung, auch bey der augspurgischen Religionsübung frey verbleiben solle.

                 1) Deren

1) Deren von Donauwörth erbärmliches Bitt- und Entschuldigungs-Schreiben an die fürstliche Durchlaucht in Bayern, auf angekündete Acht.

Durchlauchtigster, hochgebohrner Fürst, gnädigster Herr, Euer fürstl. Durchlaucht seyn unsere unterthänigste, willige, und ganz gehorsame Dienste jederzeit bereiten Fleisses zuvor. Gnädigster Fürst und Herr! derselben könnten wir in höchstbetrübtem unserem jetzigen elenden, und jämmerlichen Zustand nicht bergen, daß uns über allerseits schon angegebene und umringete vielfältige Angst und Herzenleid, auch noch eine solche schreckliche Zeitung zukommen, wie daß Euer fürstl. Durchlaucht endlich dahin entschlossen seyn sollten, uns und gemeine Stadt schwäbischen Wöhrt mit Heereskraft und öffentlichen Kriegsgewalt, ohne einigen ferneren Verzug, zu belagern, und mit aller Macht nach äusserstem Vermögen zu belästigen. Dannenhero wir aber leichtlich zu erachten haben, daß Euer fürstl. Durchlaucht allermeist dadurch zu solchem ernstlichen Vornehmen bewogen, weil wir seit ergangener und publicirter Acht wider uns bis dahero mit dem geringsten nicht weder mündlich noch schriftlich einige Andeutung unserer unterthänigen, schuldigen und willigen Gehorsams, wie gegen der römisch-kaiserlichen Majestät, unsern allergnädigsten Herrn, also auch gegen Euer fürstl. Durchlaucht gethan und vermerken lassen; darbey wir dann wohl zu ermessen, daß uns solcher Verzug für einen sonderen Trutz, Halsstärrigkeit, und freventlichen Muthwillen wird zugemessen und gedeutet worden seyn: Als könnten wir nicht umgehen, uns hiemit solcher schwerlichen und ohngefährlichen Beylag zu entschütten, und unsere (dem ewigen Gott, und vielen unseren Benachbarten gutwissende Unschuld) dies Orts Euer fürstl. Durchlaucht hiemit zu eröfnen. Es tragen aber dieselben gnädigstes Wissen, daß wir jetzund mit keinem Syndico verfaßt, also auch des Stadtschreibers, mit Entführung nacher München, gänzlich entblößt, und uns dadurch alle Mittel und Wege abgeschnitten, unsere nothdürftige Entschuldigung, und schuldigen auch willigen Gehorsam in beßter Form, und aufs ausführlichste beydes gegen der römisch-kaiserl. Majestät, unsern allergnädigsten Herrn, und Euer fürstl. Durchlaucht zu eröfnen und fürzubringen, über welches auch noch diese Hinderung mit zugeschlagen, daß wir bis auf diese Stunde über alles vielfältiges bittliches Ersuchen, aus Hinderniß der Acht, keinen Rechtsgelehrten überkommen und erlangen mögen, der uns mit einigen Rath hierzu behülflich und beförderförderlich seyn wollen. Weil wir dann also elenbiglich verlaffen, und unter uns selbsten mit keinem zu solchen Sachen tauglichen Mann im wenigsten nicht versehen, ja wir also vor Gott und aller Welt an allem bishero verloffenen Verzug und Auffenbleibens allerdings unschuldig, so bitten wir demnach kleiner und groffer Rath nochmahlen um Gottes und des jüngsten Gerichts willen, Euer fürstl. Durchlaucht wollen sich doch unser (mehr als zu viel bedrangter armer Leute) gnädigst erbarmen, und die würkliche Vollziehung der Execution allergnädigst einstellen: Dann wir nachmahlen keinen Fleiß, Mühe, noch Unkosten spahren wollen, aufs ehefte, als immer möglich, mit genugsamer Subjection und allem schuldig-gebührenden Gehorsam, uns gegen der römisch-kaiserlichen Majestät, unserem allergnädigsten Herrn, und Euer fürstl. Durchlaucht, einzustellen, wie wir dann mehrers nicht suchen, wünschen, noch begehren, dann Ihro römisch-kaiserl. Majestät, unsers allergnädigsten Herrn, Huld und Gnade wieder zu erlangen, wollen uns auch keinen Zweifel machen, Euer fürstl. Durchlaucht werden sich aus angebohrner hoher und fürstlicher Mildigkeit unseres betrübten Zustandes gnädigst erbarmen, und an ihrem gnädigsten und geneigten Willen, zu unser und gemeiner Stadt Wohlfahrt nichts erwinden laffen, das sind wir sammt und sonders mit unseren unterthänigen, schuldigen, willigen, und gehorsamen Diensten die Zeit unsers Lebens um Euer fürstl. Durchlaucht willig und erbiethig, und thun derselben uns unterthänigst und gehorsamst befehlen. Actum Donauwörth den 21. November alten, und 1. Decembris neuen Calenders anno 1607.

E. fürstl. Durchlaucht

unterthänigste und gehorsamste
Burgermeister, kleiner und groffer
Rath daselbst.

2) Donauwörth. Relation l. c. p. 61.

§. 41.

So bald die Stadt in der bayerischen Bothmäßigkeit sich vollkommen befande, wurden alsogleich verschiedene Veränderungen vorgenommen, die evangelische Stadtkirche, aus der sich die Prediger noch bey Zeiten geflüchtet, den römisch-Catholischen eingeraumt, auch der Rath mit catholischen Raths-Gliedern, bis auf 4 Evangelische, besetzt, und nebst diesem auch das bayerische Maaß und Gewicht eingeführt. Man suchte auch überdashin durch ein geschärftes Decret 1) die Widerspenstige, mittelst einer nachdrücklichen Strafe zum Gehorsam zu bringen, und zu gleicher Zeit gegen die ausgetrettene Burger ein Confiscationsurtheil 2) zu publiciren.

1) Decret wider etliche widerspenstige Bürger zu Donauwörth, den 12. Nov. 1609. angeschlagen.

Der fürstl. Durchlaucht, Herzog Maximilian in Bayern, unserm gnädigsten Herrn, ist gebührlich referirt worden, was grober Ungebühr, und unverantwortlicher Vermessenheit sich der gewesene Burgermeister, Georg Wurmb, als der rechte und meiste Urheber dieser ganzen donauwörthischen Empörung, gebraucht, indem er mit Hülfe des alten Stadtschreibers, als seines Werkzeugs, das Regiment in der Stadt, seinem Gefallen nach, geführt, die kaiserl. Mandata, sowohl der Gemeine, als dem ganzen Rath hinterhalten, die durch D. Asenheimern begriffene Protestation, dadurch die Gemeine zur Aufruhr veranlaßt, angeschlagen, bey der landsfriedbrüchigen That unter dem Thor die Wache bestellt, von der Mauer zugesehen, mit groben Worten die Gemeine gestärkt, zu Dero kaiserl. Majestät, und Seiner fürstl. Durchlaucht Unglimpf das Factum bey den Reichsständen hin und wieder angebracht, und in mehr Weg einen grossen Trutz, Frevel und Ungehorsam erzeigt, und dannenhero, als ein offentlicher bekannter Rebell, Meutmacher und Aufrührer, mit ernstlicher Leibesstrafe wohl anzusehen wäre, jedoch so wollen Seine fürstl. Durchlaucht, als welche von allerhöchstgedachter Ihro kaiserl. Majestät Befehl, gegen den donauwörthischen Rädelsführern nunmehr die gebührende Strafe vorzunehmen und ergehen zu lassen, aus lautern milden Gnaden ihne mit einer Geldstrafe, so weit sich der dritte Theil seines ganzen Vermögens erstreckt, solche ehest und unnachläßig zu erlegen, abbüssen lassen, und also der sonst wohlverdienten Schärfe die Gnade noch vor dieß- und zum letztenmahl vorgezogen haben, darnach er Wurmb sich zu richten. Publicirt den 12. Nov. anno 1609.

Obwohl die fürstl. Durchlaucht, Herzog Maximilian in Bayern, unser gnädigster Herr, Kraft von kaiserl. Majestät seiner Durchl. hiebevor

aufge-

aufgetragener allergnädigsten Commißion, wohl Ursache hätten, des verstorbenen Burgermeisters, Augustin Schmids Erben 200. Marck Goldes, als die sie von rechtswegen zu bezahlen schuldig, aufzuladen, als in Bedenkung seiner in mehr Weg verübten Ungebühr und hochsträflichen Beginnens, so wollen doch Seine Durchlaucht solche Summa, aus fürstl. milden Gnaden, auf 100. Gulden ad pias causas zu verwenden, moderirt und gemildert haben, wissen sie die Erben, neben unterthänigstem Danck solcher hohen Gnadenerweissung, uneingestellt zu vollziehen. Publicirt den 12. Nov. anno 1609.

Es ist auch höchsternannter Ihro fürstl. Durchlaucht, unsers gnädigsten Fürsten und Herrn, ernstlicher Befehl, Wille und Meynung, all-weiln Thomas Fleck, einer aus den vornehmsten, der die Bürger zur Aufruhr gereizt, in der Hand eine Axt gehabt, den Fahnenträger hin und her gerissen, auch noch heutiges Tags viel böser Reden in sich, und ein verwegner Mensch ist, bey dem sich anderst nichts zu besorgen, als daß er noch mehr Unruhe anstifte, so soll derselbe zur wohlverdienten Strafe aus der Stadt geschaffet seyn.

Ingleichen auch Hanß Hohenschild, Balthasar Werlin, und Hanß Roheweiler Uhrmacher, als welcher gleicher Müntz, sollen Kraft höchstgedachtes fürstl. Befehls, ihres Verbrechens halber den vierten Theil ihres Vermögens zur Strafe unfehlbar erlegen, und noch darzu die Stadt räumen.

Hanß Georg Goldschmid, weil er sich unter wehrender Creutzempörung, und sonsten rebellisch verhalten, soll nicht allein der Stadt verwiesen seyn, sondern auch sein Haab und Güter verwürkt haben, wie dann nach denselben also gegriffen, und für Ihro Durchlaucht würcklich eingezogen werden soll.

Nicht weniger haben Seine Durchlaucht, und forderst die römis. kaiserl. Majestät, unser allergnädigster Herr, behertzigt und zu Gemüth geführt, die grosse Unlitt und Schmach, welche durch das Saltzmänlin, sonsten Carl Mayr genannt, verübt worden, als welcher einer aus den meisten, der das Creutz niedergeschlagen, und also zuerst Hand angelegt, derowegen und um solcher seiner Strafmäßigkeit halben, soll er hiemit Haab und Gut verwürkt haben.

Sintemal auch Melchior Maurer Notarius in fürübergangener donauwörthischen Empörung ihme einen grossen Anhang gemacht, die Hinausgebung der Personen am meisten gesperrt, wider den gemeinen Schluß, bis in 50. an sich gehenkt, neben dem Bucher gen Stutgarten, den Rath des verfertigten Revers halben zu beklagen, gezogen, als der alte Stadtschreiber entlassen, der Gemeinde das Wort geführt, die Gemeine verhetzt, auf Ankunft des Neuburgischen D. Rottens die Burgerschaft ihme nochmahlen anhängig gemacht, die kaiserl. Mandata, als welche man mit 20. Batzen erkauft, vernichtet, mit den vornehmsten Rädelsführern, so ausgetretten, Gemeinschaft gepflogen, zu deme bis dato wenig Besserung bey ihme zu verspüren, deswegen und aus sonderbarem Ihro Durchlaucht Befehl solle gedachter Maurer, neben Entrichtung einer Geldstrafe, so weit der vierte Theil seines Vermögens sich erstreckt, aus der Stadt gewiesen seyn.

Wie nun ingleichem der aus der Stadt geschafte Sebastian Hohenschilt sich mit den andern Ausgetrettenen tapfer gebraucht, und noch, auch in währender Uneinigkeit, zum heftigsten sich wider den Rath, des Revers und Parition halber, gesetzt, das Wort geführt, Conventicula gehalten, und noch vielmehr andere hochsträfliche Ungebühr verübet, als soll ihme zur Strafe der dritte Theil seiner Güter würklich eingezogen werden.

Wie nun solches alles zu Erstattung hochernannt Ihro fürstl. Durchlaucht gnädigsten Willen gereicht, also wird desgleichen die uneingestellte Execution darauf fürgenommen werden, darnach wüßt ihr euch sämmtlich, und ein jeder insonderheit zu richten. Actum den 12. Nov. anno 1609.

Mattheus Kratzer, Ulrich Hindenach, Matthes Lendtscher, Lorenz Zagelmayr, Hanß Holder, Georg Petzinger, diese 6. Personen zu erfordern, und auf ausgestandene ihre Gefängniß, ihnen ertheilte Gnade mit Umständen zu entdecken, auch nach Nothdurft sie zu verwarnen, hinführo gehorsam und eingezogen zu leben, dann im widrigen Fall würde man gegen ihnen die mehrmahl wohlverdienten Strafen unfehlbarlich exequiren.

2) Decret, so den Ausgetrettenen, oder wer von denselben erschiene, fürgehalten worden.

Dieweil Reichs- und Landkündig, daß Alexander Altgelt, Ulrich Prommer, Caspar Krentzlin, Caspar Dieterich, Thomas Mayr, Hanß Bucher, Philips Ehinger, Ulrich Cammerer, Andreas Schleicher, Peter Löffler, Hanß Freyman Maler, Hanß Düring Thurner, Michel Dürle Metzger, Gabriel Schreiber, und Jacob Zilger die donauwörthische Aufruhr, in ihrem Zusammenrottiren, hin und wieder schicken, und anderm nicht wenig verursacht, wie dann ihr Verbrechen durch ihr bis dato beharrendes Austretten genugsam an Tag gegeben, solches auch zuvor mehr

als

als zu viel bewußt, bannenhero sie anderst nicht, als vor öffentliche bekannte Landzwinger und Meutmacher zu halten und zu verruffen, um solcher ihrer Uebelthat auch billig zu strafen seyn: So sollen demnach die jetzt verlesene 15 Personen, und ein jeder insonderheit all sein Haab und Güter verwürkt und verfallen haben, wie dann Kraft und Vermög ergangenen kaiserl. und fürstl. Resolution solche alsbalden rechtmäßiger Weise eingezogen werden sollen. Darnach haben sie sich zu richten. Actum den 12. Novemb. anno 1609.

§. 42.

Die den bayerischen Regenten anstammende Großmüthigkeit und Einigkeitsliebe konnte aber den unter den donauwörthischen Burgern immerfort andauernden Zwietracht nicht länger mehr gedulten, und dahero haben Seine hochfürstl. Durchlaucht, auch zu Abkürzung der immerwährenden und täglich aufwachsenden Executionsunkosten der Stadt die Achtsbefreyung, unter Vorbehaltung deren hierzu erforderlichen Feyerlichkeiten, mit der Bedingniß zugesichert, daß dem Hauß Bayern an seinen hergebrachten Rechten, wegen ausständigen, und von kaiserl. Majestät selbsten für billig anerkännten Executionskosten nichts benommen seyn solle. 1)

1) Donauwörthische Relation l. c. p. 70.

§. 43.

Dieser Zusicherung gemäß haben kaiserliche Majestät sonach auf deren von Donauwörth unterthänigstes Bitten, dann Ihro hochfürstliche Durchlaucht in Bayern, wegen denen zu forderen habenden Unkosten beschehener Bewilligung, und verschiedener Reichsständen, insonderheit des schwäbischen Craises, eingelegten Vorspruchs, durch die abgeschickte Commissarien den 23. Julii 1609., vermög der den 3. Julii zugeschickten Achtbefreyungsurkunde, die Stadt Donauwörth von der Acht mit der gleichmäßigen Bedüngniß freygesprochen, entlediget, und schwören lassen, daß sie, mit aller ihren Haabschaften und Gütern,

tern, Zu= und Eingehörungen, vermög des Reichsabschieds
und Executionsordnung, dem Hauß Bayern verhaft, und so
lang in Händen bleiben solle, bis die aus kaiserlichen Majestät
Befehl durch höchstermeldte fürstliche Durchlaucht aufgewendte
Executionsunkosten würklich ersetzet und erstattet seyn würden.
Zu mehrerer deffen Versicherung hat man auch die Burger und
Innwohner mit der Interimspflicht an den kaiserl. Executo=
ren gewiesen, höchstselben in allem getreu und gehorsam zu
seyn, jedoch mit dem Vorbehalt, daß die Stadt von Ihro
hochfürstl. Durchlaucht während des Besitzes gegen kaiserliche
Majestät, und das Reich nach Erforderniß vertretten werde,
in welcher Art auch von der Stadt und Burgerschaft gehul=
digt wurde. 1)

1) Donauwörthische Relation l. c. p. 73.

§. 44.

Es haben sich zwar die protestirenden Stände bey kaiserl.
Majestät durch verschiedene Vorbittschreiben und andere Vor=
stellungen, sowohl für die Achtsbefreyung der Stadt Donau=
wörth, als hauptsächlich nachgehends wegen ihrer Entlassung
aus der bayerischen Bothmäßigkeit, sehr nachdrucksam verwen=
det, waren aber ein solches zu erzielen nicht vermögend, in=
dem es jederzeit bey dem Bescheid verbliebe, daß Seine hoch=
fürstl. Durchlaucht der Herzog in Bayern indessen in solang
die Stadt zum Unterpfand besitzen und innhaben sollen, bis
Ihnen von derselbigen die zur Achtsexecution angewendte Unko=
sten, welche damahls auf 300000 fl. angeschlagen wurden,
vollkommen wieder erstattet wären; ein gleiches wurde auch
von kaiserlicher Majestät, unter andern Seiner hochfürstlichen
Durchlaucht, Pfalzgrafen Friederich, in einem Schreiben 1)
kund gemacht.

1) Der römisch. kaiserl. Majestät Berichtschreiben an des Herrn Chur=
fürst Friderichs, Pfalzgrafens, churfürstl. Durchlaucht, warum die
Stadt Donauwörth in fürstl. bayerischen Händen verbleibe.

Rudolph

Rudolph ꝛc. Hochgebohrner lieber Oheim und Churfürst, wir haben nicht unterlassen, zu Fortstellung unserer wegen der Stadt Donauwörth vollkömmlicher Restitution, Dero Liebden und anderer mit ansuchender Churfürsten, Fürsten und Ständen Gesandten den 17. Septemb. nechsthin beschehener Vertröstung, die Nothdurft fürzunehmen, und wie sichs gebührt, vor allen Dingen, welcher Gestallt der hierüber aufgelaufene Executionskosten (darum die Stadt dem hochgebohrnen Maximilian, Pfaltzgrafen bey Rhein, Herzog in Ober- und Nieder-Bayern, unserm lieben Vetter und Fürsten, als unserm hierunter verordneten kaiserl. Commissario obligirt und verhaftet ist) abgetragen werden möge, mit ehegemeldtes Herzogen in Bayern Liebden Handlung zu pflegen.

Wann aber nun gleichwohl, gegen bahrer Refusion vorangeregten Unkostens, Seine Liebden mehrberührte Stadt abzutretten, willig, und dann wir nicht sehen, woher die von Donauwörth solches so bald erschwingen und erheben können, derowegen so begehren wir an Dero Liebden freund- und gnädiglich, sie und die andere mit intercedirende wollen uns Mittel an die Hand geben, dadurch des Herzogen in Bayern Liebden contentirt und vergnügt werde: dann ohne dieß will Seine Liebden (weil sie dessen einmal, vermög aller Recht und der Billigkeit, auch in Kraft der Reichsconstitutionen befugt) keinesweges von ihrem Unterpfand weichen, ja sie sey es zu thun nicht schuldig, und wir zwar könnten Seinen Liebden dießfalls ein anders oder mehrers nicht zumuthen: Gewarten demnach hierauf Dero Liebden förderlicher Beantwortung, und bleiben Ihr mit Freundschaft, kaiserl. Gnaden und allem Guten wohlgeneigt. Geben auf unserm königl. Schloß zu Prag, den 16. December anno 1609.

Rudolph.
L. von Stralendorff.

Ad Mandatum Sacræ Cæs. Majestatis Proprium.
Gob. Hertel.

§. 45.

Da aber die theils aus Furcht der Bestrafung, theils aus Widerspenstigkeit ausgetrettene Burger, welche in dem §. 41.

§. 41. enthaltenen Decret nahmhafft gemacht worden, auf mehr=
fältige gütliche Vorladungen nicht erscheinen wollten, und sich
allerley pöbelhafte Entschuldigungen beykommen liesen, so wur=
den hierauf ihre eingezogene Güter durch ein öffentliches Pa=
tent 1) feilgeboten, und ausgeruffen.

1) Fürstl. bayerisches Edict, wegen Publication der donauwörther Güter.

Zu wissen und kund sey jedermänniglich: Demnach der durchlauch=
tigste Fürst und Herr, Herr Maximilian, Pfalzgraf bey Rhein, Herzog
in Ober= und Nieder=Bayern, als rechtmäßiger Innhaber der Stadt
Donauwörth, unterm Dato den 6. Novemb. anno 1609. an den hoch=
wohlgebohrnen Herrn, Conraden, den jüngern, Freyherrn zu Bömelburg,
&c. Ihro fürstl. Durchlaucht in Bayern Rath, Cämmerer, Statthalter
zu Donauwörth, und Pfleger zu Wembdingen, einen fürstl. ausdrücklichen
Befehl und Resolution mit Ernst decretirt, welche dann auch etlicher aus=
getrettener und benahmster donauwörthischer Rädelsführer, welche sich bis=
hero ausser der Stadt aufgehalten, hernachmahls, den 12. dieses Monats
und Jahrs ihren Weibern öffentlich publicirt und vorgehalten worden,
alle ihre Haab und Güter zu confisciren und einzuziehen, zu welchen man
damahls geschritten, aber damahlen nur in Arrest genommen und inven=
tirt worden, in Betrachtung, ob dermahleins diese ausgetrettene Donau=
wörther und Rebellanten, durch ihre so lang ausgestandene Armuth ihre
Augen eröfnen, und ihrer unschuldigen Weib und Kinder Uebelstand bes=
ser zu Herzen führen und betrachten mögten, da sie billig bey Ihro fürstl.
Durchlaucht in Bayern um gnädige Verzeihung sollten gebetten haben,
da man dann immerzu einer Besserung verhoffet: Dieweilen aber Ihro
fürstl. Durchlaucht bis dato an ihnen noch keine verspüret, sondern sich
vielmehr aller Ueppigkeit, Trotz und Muthwillen gebrauchen, also hat Ihro
fürstl. Durchlaucht in Bayern erster Resolution nach wiederum decretirt,
und von neuem renoviren lassen, also, daß demnach zu der ausgetrettener
donauwörthischer Bürger, als wahre offenbahre Aechter, mit rechtmäßiger
Einziehung ihrer Haab und Güter solle geschritten und verfahren werden.
Beut demnach hiemit feyl zu verkaufen, Häuser, Güter, Gärten, Wie=
sen, dieser benannten, Alexander Altgeld, Goldschmid, Thomas Mayer
Luckenwurth, Peter Löffler, Hannß Theuring, Thurner, Gabriel Schrei=
ber, Bildschnitzer, Hanß Bucher, Hanß Jerg, Goldschmidt, Caspar Krenz=
lin,

lin, Philipp Ehinger Goldschmidt, Hanß Freymann Mahler, Michel Durlin Metzger, Caspar Dieterich, Andreas Schleicher. Welche nun jetzunder Lust und Liebe zu kaufen haben, die mögen sich bey Ihren Gnaden von Bömelberg, als unserm gnädigen Herrn Statthalter, anmelden, soll in solchem verhandelt werden, was recht und billig ist. Geschehen, und mit Ihro Gnaden freyherrlichem Secret-Innsiegel verfertiget, den 23. Monatstag Februarii, als man gezehlt sechzehenhundert und eilf Jahr.

§. 46.

Das Kirchen- und Polizeywesen kame in kurzer Zeit aus seinem Verderbniß wiederum in die behörige Ordnung zurück, und dahero, weil sich viele Burger sehr stark unter dem Vorwand des Gottesdienstes von der Stadt an den Sonn- und Feyertagen entfernten, und auf dem Lande zusammenrottirten, wurde ihnen dieses bedenkliche Auslaufen durch ein Special-Interdict 1) und wiederholtes Decret 2) auf das schärfeste verbotten.

1) Interdictum oder Verbott, welches der neue Rath zu Donauwörth wegen des Auslaufens der evangelischen Burger auf die evangelische Dörfer anschlagen lassen.

Zu wissen seye allen Burgeren dieser Stadt Donauwörth: Nachdem sich eine lange Zeit ein grosser Irrthum und Mißbrauch eingerissen und zugetragen gehabt, dieweil nehmlich etliche viel Burger sich ihrer rechten ordentlichen Pfarrkirchen abgesondert, und ihre Kinder an anderen Orten, in fremden Schaafställen taufen, daselbsten Hochzeiten einsegnen lassen, und ingleichen ihr Nachtmahl und Weyde genommen, so hat daher einen ehrsamen Rath von Amts-wegen wollen gebühren und obliegen, solches länger nicht zu gedulten, sondern mit Ernst abzuschaffen, damit die Jurisdiction allhiesiger Pfarr erhalten werde. Wir mandiren und gebiethen ernstlich allen Burgeren und Innwohneren, daß hinführo niemand anderstwo seinKind soll taufen, das Nachtmahl empfahen, ihren Ehestand einsegnen lassen, dann allhie in unserer christlichen Pfarrkirchen, und sich auch) derselben sonsten nicht absonderen, wo aber unsere Burger, Burgerin', und Innwohner, einer oder mehr diesem unserem ernstlichen christlichen Mandat ungehorsam seyn sollte, und übertretten, der und dieselben

selben sollen nach eines Raths Rath gestraft, ja zur Strafe ihr Burgerrecht verlohren haben, und von der Stadt ausgeschaffet werden. Darnach wisse sich männiglich zu richten, und vor Schaden zu hüten. Signatum, mit gemeiner Stadt kleinern Innsiegel, den 27. Julii anno 1611.

2) Ein anderwärtig fürstl. bayerisches Decret, so eben deswegen daselbst angeschlagen worden.

Demnach dem durchlauchtigsten hochgebohrnen Fürsten und Herrn, Herrn Maximilian, Pfalzgrafen bey Rhein, Herzog in Ober- und Nieder-Bayern ꝛc., unserem gnädigsten Herrn, Bericht eingelangt, was gestallt Burgermeister und Rath der Stadt Donauwörth den 27. verschiedenen Monats Julii ein Decret publiciren lassen, welches etliche gleichwohl unbedachtsamer Weise aufgenommen, als wann man dieselbige dadurch von ihrer Religion mit Gewalt wollte nothbringen, oder zwingen, sintemahl es diesen Verstand nicht hat, und ernannte Burgermeister und Rath nur auf ein altes gleichmäßiges Decret im Februario anno 1577. allhie öffentlich publicirt, gangen, und dasselbige zu Erhaltung pfärrlicher Jurisdiction und Gerechtigkeit renovirt, also bleibt es, und keiner anderen Gestallt, ohne einigen Zwangsaal, zu einer oder der anderen Religion dabey, gleichwohl mit der Nebenerrinnerung, weil zu Fest- und Feyertagen viel Burger und Innwohner von der Stadt sich lassen, und wann unterdessen Feuers oder andere unversehene Noth entstehet, man derselben zeitlich nicht begegnen könnte, gleicher Gestallt und Ursachen vor vielen Jahren das häufige Auslaufen, auf der Burgerschaft Anhalten, verbotten, demnach solches Verbot aus derselben Ursache wiederholet worden, darnach sich männiglich zu richten, und vor der Strafe zu hüten. Donauwörth den 6. August anno 1611.

§. 47.

Als die protestantischen Stände anno 1611. auf dem Reichstag zu Regensburg verschiedene Beschwerungen einreichten, wurde von ihnen unter anderen auch wegen der Donauwörther Sache eine Erwähnung 1) und neuerlicher Versuch gemacht; Es ware aber hierinnfalls nichts zu bewürken, indeme in der ganzen Sache bis auf die westphählische Friedens-Präliminarien von dem kaiserl. Hof nichts mehr angenommen worden.

1) Unter-

1) Unterschiedlicher evangelischer Stände auf dem Reichstag zu Regenspurg, der römisch-kaiserlichen Majestät eingereichte Beschwehrungen.

— Insonderheit aber mit der höchstbetrübten Stadt Donauwörth, welche nicht weniger durch geschwinde Mandata und Executionsprocesse im gegenwärtigen Jammer und Elend gesetzt, die von der jüngstverstorbenen kaiserlichen Majestät, christseligster Gedächtniß, ohn einige Condition versprochene Restitution dermahleins erfolgen, und zu Werk gerichtet werden möge: sintemahl ihnen, den evangelischen Ständen des Reichs, ganz ohnmöglich und ohnleidentlich fallen will, dergestallt zwey kaiserliche höchste Gerüchte zugleich zu ertragen, das Cammergericht zu unterhalten, und nichts destoweniger, mit grossen und oftmahls unerschwinglichen Kosten, vor dem kaiserlichen Hofrath sich ohne allen Unterscheid in allen und jeden Sachen einzulassen, daß also dergestallt entweder bemeldtes Cammergericht aufgehoben, oder desselben Verfassung ganz und gar zerlöchert gelassen werden müßte, wie dann zu Euer kaiserlichen Majestät sie die Stände das gänzliche Vertrauen gesetzt, daß sie, zu Handhabung solcher Ordnung, allergnädigst geneigt seyn werden.

§. 48.

Die Gründe, mit welchen von denen protestantischen Ständen in der Donauwörther Restitutionssache wollte durchgedrungen werden, bestunden fürnehmlich hierinnen, weil sie glaubten, es wäre mit dem Executionsproceß zu voreilig und geschwind vorgefahren, und die Stadt wider das Versprechen in der protestantischen Religionsübung gestöhret worden.

Der schwäbische Craiß beklagte sich aber, daß die Execution wider die Reichsordnung und Observanz einem anderen Fürsten, als dem Craißobersten anbefohlen, und die Stadt also dem Craiß mit Gewalt entrissen worden, in welcher Art auch ein Schreiben von dem Craißausschreibamt unterm 10. May 1607. an kaiserliche Majestät, wiewohl fruchtloß, erlassen wurde.

Es nahme sich auch der holländische Gesandte um die Restitution der Stadt heftig an: Selber erhielte aber von Seiner hochfürstlichen Durchlaucht in Bayern anno 1619. zur Antwort: „Daß die Bezahlung deren Executionskosten die „Stadt

„Stadt alleinig wiederum von der bayerischen Bothmäßigkeit „befreyen werde." 1)

1) Londorp. II. Th. 1. 2. S. 322.

§. 49.

Im Jahr 1615., als im Monat März Kaiser Matthias mit anderen Reichsständen nach Augspurg kamen, übergabe Herzog Maximilian in Bayern ein Verzeichniß wegen dem Betrag der donauwörthischen Executionsunkosten; worauf der Magistrat zu Augspurg den Auftrag erhielte, die Sache zu untersuchen. 1) Es wurden zwar von dem geheimen Rath daselbst hierzu zwey catholische Rathsherren, Bernard Rehlinger, und Johann Bartholomä Welser, als Subbdelegirten ernennt; die Commißion kame aber nicht zum Stand, und Bayern suchte nach und nach die Stadt vollkommen zu reformiren. 2)

Im Jahr 1624. fiel dem Cardinal Clesel ein, an den Churfürsten von Bayern zu schreiben: „Wie hat Bayern Donauwörth erhalten?" die Antwort des Churfürsten ware aber eben so kurz, als die Frage: „Tractando, et nunquam restituendo." 3)

1) Stettens Geschichte der Reichsstadt Augspurg l. c. p. 817.
2) Geschichte der Religionsbeschwerden Tom. I. p. 425.
3) Moser von deutschen Reichsständen p. 1115.

§. 50.

Die donauwörthische Sache kame endlich anno 1635. wiederum zur Frage, und wurde in dem Pragerischen Friedensschluß zwischen dem Kaiser und Chursachsen folgendes geschlossen, und dem Friedenstractat einverleibt:

„Wegen der Stadt Donauwörth ist dieses abgeredet: „Wann zuvor der churfürstl. Durchlaucht in Bayern Dero „aufgewandte Kriegsunkosten wiederum erstattet, daß alsdann „an

„an bemeldter Stadt Restitution kein Mangel seye, auch von
„dieser Sache fernere Unterredung etwa hiernächst bey Reichs-
„zusammenkünften zu pflegen, ihre kaiserl. Majestät und höchst-
„gedachte churfürstl. Durchlaucht in Bayern sich vielleicht
„nicht würde zuwider seyn lassen.„
Allein, hierdurch gewann die Sache noch keine Aussicht.

§. 51.

Bey den westphählischen Friedenspräliminartractaten wollten Anfangs Cæsarei dem Friedensinstrument, in Betreff der
Stadt Donauwörth, gar nichts einrucken; 1) auf Betreiben
der protestantischen Reichsständen 2) nahme sich endlich die
schwedische Gesandtschaft so weit an, daß man dem Friedens-
Instrument Art. V. §. 12. nachstehendes anfügte:

„Quod ad Civitatem Donawerdam attinet, si in proxime
„venturis comitiis universalibus in pristinam libertatem resti-
„tuendam esse judicabitur ab Imperii statibus, eodem gaudeat
„Jure in Ecclesiasticis et Politicis quo cæteræ Imperii Civita-
„tes vigore hujus Transactionis gaudent, salvis tamen quoad
„hanc Civitatem eorum, quorum interest, Juribus.„

Hierdurch ware zwar der Stadt Donauwörth in der Haupt-
sache so wenig als in dem Pragerischen Friedensschluß geholfen. Sie gabe sich aber dessen ohnangesehen alle nur erdenkli-
che Mühe, die Restitution zu betreiben. Insonderheit ver-
wendete sich der Herr Bischof zu Costanz, mittelst eines unterm 1. Julii 1647. an den Grafen von Seileren als kaiserl.
Gesandten bey dem Friedensschluß, erlassenen Schreibens sehr
nachdrucksam. 3) Die Antwort aber ware: „Man kann de-
„nen Rechten des Hauses Bayern bis zu gänzlicher Refusion
„der Executionskosten keinen Einhalt thun, das räthlichste für
„die Stadt Donauwörth bey dermahliger Lage ist, wann Sel-
„be auf eine standhafte Berechnung mit Bayern, unter Vor-
„stand einer kaiserlichen und reichsständischen Commißion an-
„tragt, ansonsten sind alle Desideria eitel.„

Der Hauptanstand, welcher bey dem Restitutionsgesuch der Stadt Donauwörth zu heben ware, bestund immer in dem Ersatz deren Unkosten, so die Stadt damahls nicht beyzutreiben vermögte, und vielleicht noch weniger in der Zukunft aufzubringen vermögend seyn wird.

1) De Buckisch ad Instr. Pac. p. 151.
2) Henniges Medit. ad Instrum. Pac. Art. V. §. 12. p. 222.
3) Craißacten vom Jahr 1647.

§. 52.

In Anbetracht, daß die ganze Stadt zur catholischen Religion sich geschlagen, waren die protestantische Stände nicht mehr so sehr für ihre Restitution besorgt, zumahl sie es auch wegen gewissermassen ohnmöglicher Ersetzung der Unkosten nicht mehr durchzutreiben im Stande gewesen; es kame zwar auf dem Reichstag zu Regenspurg anno 1653. die Sache wiederum zum Vortrag, weil es aber auf allen Seiten an der erforderlichen Unterstützung fehlte, bliebe das ganze Restitutionswesen in der vorigen Lage. 1)

1) Moser l. c. p. 1114.

§. 53.

Um nicht gänzlich ausser Acht zu lassen, wie es der Stadt Donauwörth in den schwedischen Kriegsunruhen ergangen; so ist zu bemerken, daß Selbe allschon anno 1546. von Churfürst Johann Friedrich zu Sachsen, und Landgraf Philipp zu Hessen eingenommen, in wenigen Monaten hernach aber von Kaiser Carl dem V. durch Octavium Farnesium wiederum erobert worden; wiewohl die Burgerschaft bey der evangelischen Religionsübung belassen worden.

Der König von Schweden hat sich den 26. Merz 1632. der Stadt Donauwörth persöhnlich mit seiner Armee genähert, und solche an dem nehmlichen Tag aufgefordert. Herzog

zog Rudolph Maximilian von Sachsen-Lauenburg, der die Stadt mit Croneburgischen Cüraßierreutern, und 8. Compagnien Infanterie, nebst vielem Landvolk besetzt hielt, liesse dem König bedeuten: „Daß Er vor ihn nichts, dann Kraut, und „Loth, und die Spitze des Degens wisse.„

Der König ware über die Antwort so sehr erbittert, daß er der Stadt mit aller möglichster Force zusetzte, besonders, da sich der Herzog von Sachsen auf die Unterstützung des Generals Tyli, welcher bey Rhein sich gelagert, immerhin verliesse.

Als aber der Herzog bevor sahe, daß sich die Stadt ohne Succurs nicht länger mehr halten könne, und ihr von allen Seiten äusserst zugesetzt werde, wiewohl durch das schwere Geschütz von dem Thurn des Lederthors der schwedischen Infanterie ein grausamer Schaden zugefügt wurde, so machte sich selber über die Donaubrücke hinaus, welche während seines Hinauszugs dergestallt beschossen worden, daß der Herzog gegen 500. Mann an Todten und Bleßirten annoch zurucklassen mußte, worauf die Schweden mit Gewalt in die Stadt brachen, solche plünderten, und nebst 8 Stück groben Geschützes 5000 Säck Getraid, und 3000 Salzscheiben erhielten.

Die Stadt bliebe sonach ohnunterbrochen bis auf das 1634. Jahr in schwedischer Besitzung. Im Monat Julii besagten Jahrs ruckten aber die Kaiserliche, nach Eroberung der Stadt Regensburg, vor selbige, bemächtigten sich des Schellenbergs, und fiengen die Stadt mit Nachdruck zu beschiessen an. Es liesse zwar der darinnen commandirende schwedische Oberste Redewin an einer angemessenen Gegenwehr nichts ermangeln; weil aber die von voriger Belagerung vollkommen zugrundgerichtete Schanzen, der Abgang an Lebensmittel und Mannschaft, dann die Force deren Kaiserlichen, die längere Vertheidigung der Stadt nicht wohl möglich machten, mußte die Besatzung nach achttägiger ausgehaltener starken Canonade accor-

accordiren, und ihren Abzug nehmen, worauf Selbige wiederum in kaiserliche Hände fiele, und von selbigen lang vor Abschluß des Friedensinstruments den bayerischen Völkern wiederum geräumet wurde, 1) ohne daß man auf die Restitution derselben gedachte.

1) Theatrum Historiæ Universalis Cath. protestanticæ Tom. II. p. 209. 330.

§. 54.

Bis auf den Anfang des dermahlig=laufenden Jahrhunderts wurde in der donauwörthischen Restitutionssache nichts mehr vorgenommen; als aber der Churfürst von Bayern mit dem Kaiser anno 1705. vollkommen verfallen ware, suchte man die Restitution der Stadt Donauwörth mit Ernst zu betreiben. Die Veranlassung hierzu hat die bey Donauwörth anno 1704. den 2. Julii zwischen den kaiserlichen Alliirten, unter Commando des Prinz Eugen von Savoyen, und dem Herzog von Marlbourgh, als Chefen deren Bayern und Franzosen, bey dem sogenannten Schellenberg 1) vorgegangene Schlacht gegeben, nach welcher, da die Donauwörther den Kaiserlichen sehr viele Dienste erwiesen, Kaiser Joseph anno 1705. den 20. May die Stadt durch ein besonders Diploma 2) dem Reich zurück, und in die vorige Freyheit gestellt.

1) Der Schellenberg bey Donauwörth ist seit dieser Schlacht in der Geschichte berühmt. Der Feldmarschall Arco stund mit den französischen und bayerischen Truppen verschanzt auf diesem Berge, woselbst ihre Verschanzungen, 16. Stück Geschützes, dann alle ihre Bagage erobert, und sie genöthigt wurden, sich nach Donauwörth zuruck zu ziehen.

2) Wir Iosephus ꝛc. Entbiethen Burgermeister und Rath, auch Burgern, Innwohnern, und allen Zugehörigen unserer und des heil. Reichs Stadt Donauwörth unsere Gnade, und verhalten euch gnädigst nicht, was gestallten gleich in Beginn der in Bayern vorgegangenen Aenderung, sowohl weyland unsers hochgeehrten Herrn Vatters Majestät und Liebden,

glorwür-

glorwürdigsten Andenkens, allermildest bedacht gewesen, als wir dazu möglichst geholfen, daß eure Stadt Donauwörth, welche durch den weſtphälischen Friedensschluß dem Churhauß Bayern auf gewiſſe Maaß gelaſſen, von demſelben auch vorhin und zeithero in die 100. Jahre reichlich genoſſen worden, in ihren alten unmittelbahren Reichsstand wiederum geſetzet, mithin zugleich der um das Vaterland ſtattlichſt verdiente ſchwäbiſche Craiß ergäntzet, und für die viele und groſſe, von dem abtrünnigen Churfürſten in Bayern, und ſeinem Anhang, erlittene Trangſalen und Schaden in etwas ergötzet werden mögen, in diesem ihrem reichsväterlichen und gerechteſten Vorhaben ſeynd nachgehends ihre höchſtſelige kaiſerliche Majeſtät und Liebden mehrers geſtärket worden, als bey deroſelben der löbliche ſchwäbiſche Craiß durch eigene Abordnung darum gleichmäßig allerunterthänigſt eingekommen, würden auch ſolchen ihren allergnädigſten Entſchluß bereits kund gemacht und vollſtrecket haben, wann nicht eben zu der Zeit, da die Ausfertigung beſchehen ſollen, ſie von dem allmächtigen Gott mit ſchwerer Leibeskrankheit heimgeſuchet, und mit ſeinem unerforſchlichen Willen durch den zeitlichen Todt uns und dem römiſchen Reich, zu unſeren und jedermanns empfindlichſten Schmerzen, wäre entzogen worden. Um ſo minder haben wir das, mit guten Fug und reifen Vorbedacht, angefangene heilſame Werk zu vollenden nicht unterlaſſen, ſondern, nach dem Beyſpiel unſerer ruhmwürdigſten Vorfahrern, inſonderheit aber in Anſehen und geziemender Verehrung väterlicher Verordnung, auch nochmahliger Betrachtung angezogener Urſachen, und aus eigener Bewegniß gleich im Eintritt unſerer kaiſerlichen Regierung dieſe Stadt Donauwörth für unſere und des heil. römiſchen Reichs ohnmittelbahre Stadt erklären, dieſelbe dem reichsſtättiſchen Collegio und ſchwäbiſchen Craiß wieder einverleiben, und in ihre vorige Reichsſtimm bey Reichs- und Craißtagen, auch in alle andere ihre, von römiſchen Kaiſern und Königen erworbene, und, bis zur bayeriſchen Einnehmung, beſeſſene alte Freyheiten, Recht und Gerechtigkeiten, vollkommentlich herſtellen; hingegen von aller anderer Unterthänigkeit, Pflicht, Folge, und Gehorſam allerdings entbinden wollen, thun es auch hiemit, Kraft dieſes, von römiſcher kaiſerlicher Macht, vollkommentlich, und befehlen demnach euch und allen euren Burgern, Innwohnern, und Angehörigen dieſer unſerer und des heil. Reichs Stadt Donauwörth gnädigſt und ernſtlich, daß ihr und ſie, ſammt und ſonders, hinführo auf niemand anderen, als auf uns, unſere Nachfolger im römiſchen Reich, Kaiſer und Könige, und das römiſche Reich, ſehen, und
uns

uns und ihnen treu und gehorsam seyn, eure Craiß- und Reichsobliegenheit jedes an seinen Ort gebührend leisten, noch darinn von jemanden, wer der sey, euch wenden oder irr machen lasset, sondern euch unsers mächtigen Schutzes bey allen Vorfallenheiten ohnzweifentlich getröstet; welches alles wir an das gesammte Reich und den schwäbischen Craiß insbesondere zu verkünden, im Werk begriffen seyn, und ferners gedenken, nicht nur zu Aufnehmung eurer, uns, und dem Reich schuldigen Pflicht und Huldigung, sondern auch zu besserer Wiedereinrichtung euers, unter der bisherigen Beherschung verfallenen reichsstättischen Regiments und Wesens, jemanden der Unserigen in eure Stadt ehstens abzusenden. Als versehen wir uns zu euch, und allen denen Eurigen hinwiederum, ihr und sie werden diese ihnen wiederfahrene neue kaiserliche Gnade mit unterthänigstem Dank erkennen, und jederzeit gehorsamst zu verdienen geflissen seyn, auch niemahlen verhängen, oder, so viel an euch, geschehen lassen, daß wider uns, und unsere Nachfolger am Reich, und das Reich unsere oder ihre Hoheit, und des Reichs Gesetze und Ordnungen insgemein, fürnehmlich aber in Religionssachen, wider das westphälische Friedensinstrument, bey euch jemahlen nichts was vorgenommen, sondern derenthalben alles in dem darinn befestigten gegenwärtigen Stande gelassen werde; folglich wir weiteren Anlaß erlangen mögen, euch beständig und überall unsere kaiserliche Gnade zu erweisen. Womit wir euch und eure Angehörige diesmahl angesehen, und in solchem gänzlichen Vertrauen euch und ihnen allezeit gewogen verbleiben wollen. Geben in unserer Stadt Wien, unter unserm kaiserlichen Secret-Insiegel, den 20 May anno 1705.

Iosephus.

§. 55.

Die Stadt Donauwörth säumte sich sodann gar nicht, die kaiserliche Gnade zu ihrer völligen Würkung zu bringen, und machte den 20. Julii des nehmlichen Jahrs dem hochlöblichen schwäbischen Craiß durch ein Schreiben, 1) von der wiederum erhaltenen Reichsohnmittelbarkeit, und beschehener vollkommner Restitution, die ordentliche Anzeige, mit der Bitte, daß ihr auch von Craißamts-wegen hierinnfalls alle Unterstützung möchte gewähret werden.

1) Schrei-

1) Schreiben der Reichsstadt Donauwörth an den hochlöblichen schwäbischen Craiß.

Euer hochfürstl. Gnaden und hochfürstl. Durchlaucht sollen wir zur Beobachtung unserer schuldigsten Devotion, unterthänigst zu hinterbringen, und gehorsamst anzufügen nicht umhin: Welchergestalten die römisch-kaiserliche Majestät, mittelst unter dero allergnädigsten Handzeichen, und dero kaiserlichen Secret-Innsiegel, den 20. May dieses laufenden 1705. Jahres verfertigten, und uns zugeschickten allergnädigsten Declarationsdecret, uns, und die hießige Stadt Donauwörth vor dero, und des Reichs unmittelbare Stadt erkläret, dieselbe dem reichsstättischen Collegio und schwäbischen Craiß wieder einverleibt, und in ihren vorigen Sitz und Stimm bey dem Reich und Craiß, auch in alle andere, ihr von römischen Kaisern und Königen erworbene, und, bis zur bayerischen Einnehmung, besessene alte Freyheiten, Recht und Gerechtigkeit vollkommlich hergestellt, hingegen von aller anderer Unterthänigkeit, Pflicht, Folge und Gehorsam allerdings entbunden habe; Und wie sie uns dabey dero allerhöchstes kaiserliches Wort gegeben, daß wir uns hierinnfalls dero mächtigsten Schutzes bey allen Vorfallenheiten ohnzweifentlich zu getrösten; Als setzen wir auch zu Euer hochfürstl. Gnaden und hochfürstl. Durchlaucht, auch dem löbl. schwäbischen Craiß, deme zu gutem hießige Stadt auf eine deßentwegen beschehene eigene Abordnung wieder allergnädigst zugestellet und incorporirt worden, unser bestes unterthänigstes Vertrauen, Sie werden uns und unsere Stadt bey ihren also wieder restituirten alten Privilegien, Recht und Gerechtigkeiten ebenmäßig kräftigst handhaben, und nicht geschehen laßen, daß wir, wider solche Freyheiten, mit fremder Bürde und Ausgaben sollen bedrängt werden, um hingegen unsere Incumbenz hinführo zu beobachten, und unsere Reichs- und Craißobliegenheit jedes Orts nach aller Möglichkeit leisten zu können, anmit Euer hochfürstl. Durchlaucht, sammt dem löbl. schwäbischen Craiß zu solcher gnädigsten Manutenem und höchsten Gnaden uns, und unsere arme Stadt in schuldigstem Gehorsam unterthänigst befehlende. Donauwörth, den 20. Junii 1705.

§. 56.

Sobald die Stadt von dem hochlöbl. schwäbischen Craiß-Ausschreibamt unterm 4. August deßelbigen Jahrs die schriftliche Versicherung 1) aller möglicher Beyhülfe und Unterstützung erhiel-

erhielte, so schickte der Magistrat zu dem in Memmingen versammelten Craißtag eine besondere Deputation, welche die Aufnahme in den Craiß anverlangte, 2) und noch an dem nehmlichen Tag mit einer Receptionsurkunde 3) beehret, auch selber der Platz nach der Reichsstadt Dinkelspühl, mit Bestimmung ihres Matricularanschlags angewiesen wurde. 4)

1) Schreiben des hochlöblichen Craißausschreibamts an die Stadt Donauwörth.

Aus dem sub dato den 20. abgewichenen Monats Junii an uns, als dieses Craises ausschreibende Fürsten von euch erlassenen Schreiben, haben wir sowohl die von kaiserl. Majestät würklich beschehene Declaration eurer gemeinen Stadt in den hievorigen unmittelbahren Reichs- und Craißstand, als durch dasjenige, so ihr, denne zu Folge, bey uns künftiger Manutenenz halber, und daß, wie eure Restitution dem Craiß zu gut geschehen, also man auch euch dabey, Craises wegen, gegen richtige Abstattung eurer schuldigen Praestandorum künftighin mit handhaben mögte, weiters ansuchen wollen, mehreren Jnnhalts vernommen.

Nun ist es freylich an dem, daß bey der in dem Churfürstenthum Bayern, nach beschehener Reducirung selbiger Troublen erfolgten Aenderung, sowohl wir als übrige Fürsten und Stände des löbl. schwäbischen Craises, besorgt gewesen, wie die eurer Restitution halber schon im vorigen Säculo so vielfältig gemachte Jnstanzen bey diesem Tempo zu des Craises Redintegration, und euren Besten zu reiteriren, zu dem Ende, allerhöchsten Orts, dieselbe, neben anderen mehr, durch eigene Abschickung, so mündlich als schriftlich, negotiiren lassen, welches dann auch mit so gutem Succeß geschehen, daß ihr daraufhin von kaiserl. Majestät in euren vorigen unmittelbahren Reichsstand gesetzt, und diesem dem schwäbischen Craiß, als dessen uraltes Membrum, zu einiger Ergötzung und Satisfaction des durch die bayerische Motus erlittenen grossen Schadens wieder auf das neue angewiesen und incorporirt worden. Wie wir nun nicht zweifeln, ihr und eure Posterität, diese unsere und des Craises dießfalls getragene Sorgfalt, und euch dadurch, mittelst wieder Verhelfung zu eurer alten ohnschätzbahren Freyheit und Reichsimmediatät, zugegangene Guttat mit allem gebührenden Dank erkennen, mithin, nach nunmehr beschehener Aufhebung eurer vorigen Pflichten und Gehorsams, wie auf des
gesamm-

gesammten Reichs, als auch dieses Craises Nutzen und Bestes einig und allein sehen, und nur dahin bedacht seyn werdet, wie ihr euch führohin in allen Stücken als ein getreuer Reichs-Craiß-Mitstand darzustellen, und die euch zukommende Reichs- und Craißobliegenheiten jedesmahl willig abführen möget, auch zu dessen vorläufiger realen Bezeugung, ad interim, und bis bey hiernächstigem Convent, zu welchem ihr das erstemahl wieder ordentlich beschrieben werden sollet, eures Beytrags und Quanti Matricularis halber ein gewisses und beständiges verglichen seyn wird, ein Ergiebiges zur Craißcassa einliefern lassen möget; also wird man auch euch wider alle anderwärts her, sowohl hierinn, als auch sonsten beschehende widrige Zumuthungen, Craises wegen, bestens manuteniren helfen. Verbleiben anbey ec. Datum den 4. August 1705.

2) Memorial deren donauwörthischen Deputirten, wegen Aufnahme zu Sitz und Stimm auf dem Craißtag zu Memmingen.

Daß auf eine von dem löbl. Städtischen Collegio Particularausschreibamt beschehene Citation zu allhießig-vorseyenden allgemeinen Convent des hochlöbl. schwäbischen Craises die erarmte Stadt Donauwörth in unsere Wenigkeit das Vertrauen gesetzet, und uns End gesetzte hiehero, und zwar zu diesem Ende abordnen wollen, damit wir selbe, in dero vielfältig vorfallenden schweren Angelegenheiten, versehen sollen, bezeugt nebenliegende Vollmacht mit mehreren. Und gleichwie nun durch diese frühzeitige Comparition ermeldte Stadt, oder vielmehr unsere Principalen ihren patriotischen Eyfer vor das allgemeine Wesen sonderbahr bezeuget; als haben dieselbe uns unter anderen auch dahin hauptsächlich instruirt, Euer Gnaden, und unsere großgünstige, hoch- und vielgeehrte Herren unterthänigst zu bitten, und geziemend zu ersuchen, daß Selbe gnädig und großgünstig geruhen wollten, uns nicht nur allein das gewöhnliche Votum et Sessionem in Loco debito, und wie es vor Alters gewesen, wiederum anzuweissen, (allermassen Ihro Kaiserl. Majestät vermög allergnädigsten Rescripts de dato 20. May dieses laufenden Jahrs die Stadt Donauwörth in ihre vorgehabte Privilegien, Freyheiten, Recht und Gerechtigkeiten, Jure Postliminii plenarie restituiret,) sondern auch nach diesem, (weil Ihro Excellenz, Herr Graf von Löwenstein nechster Tagen von ermeldter Stadt die Kaiserl. Huldigungspflichten abnehmen werden, welchem Actui wir auch nothwendig beywohnen sollen,) wegen der zu dem löbl. Craiß etwan zu erstatten habender Prästandorum abermahlen, und um so mehrer

mehrer eine gnädige Commißion zu verordnen, als diese Sache wegen augenscheinlicher Unvermögenheit, und notorischer Beschwerden, (welche wir sämmtlich ohnelängst an hochgedachtes löbliches Craißconvent mit Umständen schriftlich gelangen lassen, und an dero Canzley remittirt, wohin wir uns brevißime in allem wollen bezogen haben,) mit einem neuen Matricularanschlag sobald zur Richtigkeit nicht dörfte gebracht und debattirt werden. In Erwartung 2c. Memmingen den 28. November anno 1705.

3) Receptionsurkunde für die donauwörthische Deputirte.

Demnach die römis. kaiserl. Majestät die von Alters her zu dem Reich und diesem schwäbischen Craiß gehörige, deme aber geraume Zeit hero de facto entzogen geweßte Stadt Donauwörth, mittelst dero unterm 20. May dieses Jahrs dem löblichen Craiß ertheilten gnädigsten Resolution, und sowohl an die Stadt selbst, als den hochansehnlichen Reichs-Convent zu Regenspurg ergangener Intimation, in ihren vorigen Immedietät-Stand und Freyheit, wie sie solchen vor der bayerischen Occupation gehabt, Salva tamen Religione, in gegenwärtigem Stand wieder hergestellet, und sie mit denen Reichs- und Craißsteuern besagtem schwäbischen Craiß dergestallten hinwiederum einverleibt, daß sich Craises wegen mit derselben nach ihrem jetzigen Zustand darüber zu vergleichen, auch daraufhin mehr ernannte Stadt zu dermahliger hiehero veranlaßten allgemeinen Craißversammlung, gleich andere dem Craiß incorporirte löbl. Städte, beruffen worden, und Sie dero Burgermeister, Herrn Wolfgang Zörling, und Rathsconsulenten, Georg Sartor, J. U. L. mit behörigem Gewalt und Vollmacht anhero abgeordnet; als sind dieselbe nicht nur der kaiserlichen allergnädigsten und gerechtesten Intention gemäß hinwieder in das Craißcorpo recipirt, und ihr der Locus auf der Städtischen Bank, welchen sie ante Occupationem gehabt, nehmlich gleich nach der löblichen Stadt Dinkelspühl, wieder eingeraumet, und sie solchergestallt ad Sessionem et Votum readmittirt, sondern es ist auch per Deputatos aus allen löblichen Collegiis mit ihnen, der Reichs- und Craißanlagen halber sich vernommen, und dahin verglichen worden, daß pro nunc, und bis die Facultates dieser Stadt, und was von Seit der Reichs-Usual-Matricul de anno 1521. von ihrem Fundo Collectabili weg, und wohin gekommen seye, mehrers untersucht seyn wird, hiemit 40. einfacher Matricular-Gulden zu diesem Craiß concurriren, und nach solchem die dem Craiß obliegende Onera, sie haben Namen wie sie wollen, mit prästiren, dagegen

sich

sich ihrer, als eines nunmehro reincorporirten Mitglieds, von gesammten Craiß wegen in allen Vorfallenheiten angenommen, und sie aller derer Beneficiorum, welche Fürsten und Stände ihrer Reichs-Immedietät zugehen mögen, auch mit zu genießen haben, und dabey aufs kräftigste gehandhabet werden solle. Zu dessen mehreren Bekräftigung gegenwärtige Signatur, unter der 5 Bänken gewöhnlicher Innsiegel, ausgestellet worden. So geschehen Memmingen den 28. November 1705.

4) Von Sartori auserles. Beyträge in reichsstädtis. Sachen 2. Th. S. 218.

§. 57.

Anno 1710. hat es der Stadt Donauwörth auch gelungen, zu dem ihr Jure Postliminii zuständigen Sitz- und Stimmrecht bey dem allgemeinen Reichstag in Regensburg zugelassen zu werden, wie Sie auch dem Stadt Augspurgischen Abgesandten, Johann Jacob von Holzapfel die Vollmacht, 1) zur Vertrettung ihrer Stimme ausgestellet, worauf sonach das hochlöbl. churfürstliche Maynzische Reichsdirectorium sämmtlichen höchst- und hohen Mitständen die donauwörthische Legitimation 2) kund gemacht hat.

1) Wir Burgermeister und Rath des heil. römischen Reichs freyen Stadt Donauwörth, thun kund und bekennen hiemit: Demnach wir der Nothdurft befunden, die fürwährende hochlöbliche Versammlung zu Regensburg in unserem Namen wiederum behörig besuchen, und den uns daselbst Jure Postliminii competirenden Sitz und Stimme durch einen eigenen Repræsentanten behörig bekleiden zu lassen, daß zu dem Ende dem wohledelgebohrnen Herrn, Johann Jacob Holzapfel von Herpheim und Kötz, löblichen des heiligen Reichs Stadt Augspurg des inneren Raths Oberrichteren, und zur Zeit bey obhöchstermeldten Reichsconvent vortrefflichen Abgesandten, geziemend ersucht, erbetten, und in Kraft dieses gevollmächtiget haben, thun auch dasselbe in der besten und beständigsten Form, als es immer seyn kann, mag und soll, daß er nehmlich an Statt und in unserem Namen bey mehr höchstgedachter Reichsversammlung erscheinen, dabey unsere Stelle und Stimm wieder einnehmen und vertretten,

ten, auch mit und neben anderen hoch- und löblichen Ständen alles dasjenige berathschlagen, handeln und schliessen helfen solle, was der Sache
und des gemeinen Wesens Nothdurft in einem und anderen erforderen,
und zu des hochwerthen Vaterlands deutscher Nation Aufnahm, Wohlfahrt und Nutzen immer ersprießlich, diensam, und fürständig seyn mag.
Wir gereden und versprechen auch hierauf alles das, was von ihme dergestallten in unserem Namen verhandelt und geschlossen werden wird, vor
genem, und als von uns selbsten geschehen, zu achten, zu thun; zumahlen mehr wohlerwehnten Herrn Abgesandten sothaner Vertrettung halber
allerdings schadlos zu halten. Zu Urkund dessen haben wir gemeiner
Stadt Secret-Innsiegel hervor drucken lassen. So beschehen und geben
Donauwörth den 28. May 1710.

2) Die Schedula Legitimationis lautete also: — „Bey dem hochlöbl.
churfürstlich - Mayntzischen Reichsdirectorio hat sich wegen der Reichsstadt Donauwörth, Herr Johann von Holzapfel von Herxheim und
Kötz, kraft Vollmacht, legitimirt, so geschehen Regenspurg den 1.
Julii 1710.

§. 58.

Bis zu den Badischen Friedenstractaten bliebe die Reichsstadt Donauwörth immer in dem ohngestöhrten Besitz ihrer
völligen Reichsohnmittelbarkeit. Weil es aber das Ansehen
hatte, daß Bayern nach dem Sinn des projectirten Friedens-
Instruments vollkommen sollte restituirt werden, und dabey
das schwäbische Craißausschreibamt allerdings besorgte, daß
die Stadt dem Craiß wiederum dürfte entrissen werden, so
machte selbiges bey der Reichsversammlung die schriftliche
Erinnerung, 1) daß die Stadt nach dem Instrumento Pacis
Art V. §. 12. ihrer besitzenden Reichsfreyheit halber auch
in diesem Friedensschluß die wiederholte Bestättigung erhalten
dürfte, womit das churfürstliche 2) und fürstliche 3) Colle-
gium, mittelst eines communis duorum, 4) und Beytritt
der Reichsstädten- 5) Raths einverstanden ware, und zu Er-
zielung dieser Absicht auch ein Reichsgutachten 6) abgefasset
wurde.

1) Von

1) Von Gottes Gnaden wir Johann Franz, Bischof zu Costanz, Herr der Reichenau und Oehningen ꝛc.

Eberhard Ludwig, Herzog zu Würtenberg und Teck, Graf zu Mömpelgard, Herr zu Heydenheim ꝛc. Der römisch-kaiserlichen Majestät, des heil. römischen Reichs, und löbl. schwäbischen Craises Generalfeldmarschall, auch Obrister über ein kaiserliches Dragoner- und ein schwäbisches Craiß-Regiment zu Fuß ꝛc. Unseren freundlichen und günstigen Gruß mit ganz geneigten Willen zuvor.

Hoch- und Wohlwürdige, Wohlgebohrne, Edle, Veste und Hochgelehrte, besonders liebe Herren und liebe Besondere: Denen Herren und euch ist ohne Anführung weiterer Umständen zur Gnüge bekannt, wie sehr die in anno 1705. von weyland Kaisers Leopoldi Majestät, christmildester Gedächtniß, in ihre ehvorige Reichs-Immedietät vollkommen wieder eingesetzte Reichsstadt Donauwörth, um die Beybehaltung solcher ihrer Reichsfreyheit und deren Bestättigung, durch die zu Baden im Ergow würklich vorwährende solenne Friedenshandlung, besorget seye; wann nun nicht weniger auch dem löbl. schwäbischen Craise merklich daran gelegen, daß dieser von uralten Zeiten demselben incorporirte, aus seinen bekannten Umständen aber unter die bayerische Gewalt gekommene Gränzort, nach Maasgab des westphälischen Friedensinstrument, und dessen 5. Artickels §. 12. beybehalten werde, als gesinnen wir an die Herren und euch hiemit freundlich, dieselbige wollen bey ihrer kaiserlichen Majestät durch ein beförderliches Reichsgutachten aufs nachdrücklichste insistiren und vorstellen, daß vorgedachter Artickel bey gegenwärtigem Friedenscongreß zur Würklichkeit gebracht, mithin die Stadt in ihrer alten Freyheit, und des löbl. schwäbischen Craises Collectation beybehalten werde, und zwar um so mehrers, als bey vornehmender Liquidation sich ohnfehlbar äusseren wird, daß die bayerische Executions-Prætensa, durch die von der Stadt bisher gezogene Collectation schon längstens abgetilget worden seyn; wir versichern uns dahero aller möglichster und schleunigster Reichsaßistenz, und verbleiben denen Herren und euch, zu Erweissung freundlicher Dienste und gnädigen Willens, jederzeit bereit und wohlbeygethan. Datum den 28. Junii 1714.

Der Herren und Euer Freund- und geneigtwillige

Ioann. Francisc.   Eberhard Ludwig
Episc. Constantiensis.   Herzog.

2) Als man im churfürstlichen Collegio die heute per Dictaturam publicam Statibus communicirte respective kaiserl. Commißions-Decret, und schwäbischen Craises Ausschreibamts Schreiben, die Beybehaltung der Stadt Donauwörth in ihrer Reichs-Immedietät beschehene Incorporirung derselben in den schwäbischen Craiß, und Liquidation der Executionsunkosten, und sonsten betreffend, in behörige Berathschlagung gezogen, und reiflich erwogen, so ist dafür gehalten und geschlossen worden, daß Ihro kaiserlichen Majestät für dero reichsväterliche Sorgfalt förderst zu danken, und dieselbe zu ersuchen, dieses Geschäft bey dem Baadischen Congreß, sowohl wegen der Reichs-Immedietät der Stadt Donauwörth, als deren Beybehaltung in ersterwehntem Craiß, nach Innhalt des Instrumenti Pacis Westphalicæ Art. V. §. 12. vornehmen zu lassen; wegen der Executionsunkosten, und sonsten aber aus dem schwäbischen Craiß eine unpartheyische Commißion ad Liquidandum allergnädigst zu verordnen.

3) Als das anheute dictirte kaiserliche Commißions-Decret, die Immedietät der freyen kaiserlichen und Reichsstadt Donauwörth betreffend, sammt dem in eben dieser Sache an eine hochlöbliche Reichsversammlung ergangenen Vorschreiben der hohen Herren ausschreibenden Fürsten des löbl. schwäbischen Craises, in dem Fürstenrath, mittelst ordentlichen Vortrags, in Berathschlagung gestellt, ist dafür gehalten und geschlossen worden, daß Ihro römisch-kaiserl. Majestät, nebst allerunterthänigster Danks-Erstattung für dero immer mehr und mehr bezeugenden ruhmwürdigsten reichsväterlichen Eyfer und Sorgfalt, von Reichs-wegen in tiefestem Respect zu erbitten seyn, sie allermildest geruhen möchten, nicht allein dero höchste Officia auf vorwehrender Friedenshandlung zu Baaden dahin kräftigst vorzukehren, damit ermeldte Stadt Donauwörth in ihrer durch weyland Kaisers Majestät Iosephum, glorwürdigsten Andenkens, wieder hergestellten Reichs-Immedietät, nach Anleitung des westphälischen Friedensschlusses, beständig erhalten werden, und löblich-gedachten schwäbischen Craiß einverleibt bleiben möge, sondern auch zu solchem Ende eine aus ohnpartheyischen Ständen des Reichs, bevorab mehrgedachten Craises, bestehende Commißion ad Liquidandum fördersamst anzuordnen.

4) Als man in beyden höheren Reichs-Collegiis die heute per Dictaturam publicam Statibus communicirte respective kaiserl. Commißions-Decret, und schwäbischen Craises Ausschreibamts Schreiben, die Beybehaltung der Stadt Donauwörth in ihrer Reichs-Immedietät beschehene Incorporirung derselben in dem schwäbischen Craise und Liquidation der

Exe-

Executionsunkosten, und sonsten betreffend, in behörige Berathschlagung gezogen, und reiflich erwogen, so ist dafür gehalten und beschlossen worden, daß ihrer kaiserl. Majestät für dero reichsvätterlichen Sorgfalt forderst zu danken, und dieselbe zu ersuchen, sie allermildest geruhen möchten, nicht allein dero höchste Officia auf vorwehrender Friedenshandlung zu Baaden dahin kräftigst vorzukehren, damit ermeldte Stadt Donauwörth in ihrer durch weyland Kaisers Majestät Iosephum, glorwürdigsten Andenkens, wieder hergestellten Reichs-Immedietät, nach Anleitung des westphälischen Friedensschlusses, beständig erhalten werden, und löbl. gedachten schwäbischen Craiß einverleibt bleiben möge, sondern auch zu solchem Ende eine aus unpartheyischen Ständen des Reichs, bevorab mehrgedachten Craises, bestehende Commißion ad Liquidandum forderstamst anzuordnen.

5) Auf das kaiserliche, den 23. Julii dieses Jahrs einem hochlöblichen Reichsconvent gnädigst communicirte Commißions-Decret, auch gleichfalls den 24. dieses dictirte, folglich nebst erstgedachten kaiserl. Commißions-Decret im reichsstättischen Collegio in Proposition und Deliberation gestellte, von dem hochfürstl. schwäbischen Craiß Ausschreibamt an das Reich erlassene Schreiben, die Beybehaltung der Stadt Donauwörth betreffend, ist an Seiten dieses reichsstättischen Collegii davor gehalten und geschlossen worden, es wäre, nebst förderst allerunterthänigster Danksererstattung für die hierunter geäusserte reichsvätterliche Sorgfalt ihre römis. kaiserl. Majestät, durch ein allerunterthänigstes Reichsgutachten allergehorsamst dahin zu ersuchen, durch dero zu Baaden subsistirende höchstansehnliche Gesandtschaft nachdrucklichst dahin antragen zu lassen, daß, weil ohnedem reichskündig, wie die hiebevor von dem durchlauchtigsten Hauß Bayern aufgewendete Executionsunkosten, durch die hundertjährige Innhabung dieser Stadt genugsam abgetilget und bonificirt werden mögen, man dannenhero, ohne fernere weitläufige Liquidation oder Untersuchung, diese uralte Reichsstadt bey ihrer Immedietät fördershin ruhig lassen, im Fall aber ja auf dergleichen Liquidation verharret werden wollte, man sofort und ohneinstellig etwan durch das hochfürstl. schwäbische Craiß-Ausschreibamt solche von Reichs-wegen vornehmen, inzwischen aber gedachte Stadt bey ihrer reacquirirten und poßidirenden Immedietät ohne alterirt verbleiben zu lassen, geruhen möchte.

6) Der römisch-kaiserlichen Majestät, unsers allergnädigsten Herrn, zu gegenwärtiger allgemeiner Reichsversammlung gevollmächtigten höchstansehnlichen Principal-Commissarii, Herrn Maximilian Carls, Fürstens

zu Löwenstein Werthheim ꝛc. hochfürstl. Gnaden, bleibet hiermit im Namen Churfürsten, Fürsten und Ständen des Reichs gebührend ohnverhalten, wie daß man die heute per Dictaturam publicam Statibus communicirte respective kaiserl. Commißions-Decret und schwäbischen Craises Ausschreibamts Schreiben, die Beybehaltung der Stadt Donauwörth in ihrer Reichs-Immedietät, beschehene Incorporirung derselben in den schwäbischen Craiß, und Liquidation der Executionsunkosten, und sonsten betreffend, in behörige Berathschlagung gezogen, und reiflich erwogen, so ist dafür gehalten und geschlossen worden, daß Ihro kaiserl. Majestät für dero reichsväterlichen Sorgfalt förderst zu danken, und dieselbe (wie hiermit beschiehet) zu ersuchen, sie allermildest geruhen möchten, nicht allein dero höchste Officia auf fürwehrender Friedenshandlung zu Baden im Ergow dahin kräftigst vorzukehren, damit ermeldte Stadt Donauwörth in ihrer, durch weyland Kaisers Majestät Iosephum, glorwürdigster Gedächtniß, wieder hergestellten Reichs-Immedietät, nach Anleitung des westphälischen Friedensschlusses, beständig erhalten werden, und löbl. gedachtem schwäbischen Craises einverleibt bleiben möge, sondern auch falls eine Liquidation nöthig erachtet, und durch den langwierigen Genuß die prätendirte Executionsunkosten nicht allschon für absorbirt gehalten werden sollten, zu solchem Ende eine aus unpartheyischen Ständen des Reichs, bevorab mehrgedachten Craises bestehende Commißion ad Liquidandum forderfamst allergnädigst anzufordern, womit höchstbesagten kaiserl. Herrn Principal-Commissarii, hochf. Gnaden, der Churfürsten, Fürsten und Stände des Reichs anwesende Räthe, Bothschaften und Gesandte sich besten Fleisses und geziemend empfehlen. Signatum Augspurg den 24. Julii 1714.

§. 59.

Das Reichsgutachten fiele zwar für die Stadt Donauwörth sehr vortheilhaft aus, und wurde hierinnfalls auf Erhaltung der Reichsohnmittelbarkeit von sämmtlichen Ständen der genaueste Bedacht genommen, auch dem Reichsgutachten noch ausdrücklich eingerückt, daß, falls eine Liquidation mit dem Churhauß Bayern für nöthig erachtet, und durch den langwierigen Besitz und Genuß die prätendirte Executions=Unkosten nicht für getilgt sollten gehalten werden, zu solchem Ende eine aus unpartheyischen Ständen des Reichs, bevorab mehrgedach=

gedachten Craises bestehende Commißion ad Liquidandum forderfamst anzuordnen seyn dürfte. 1)

1) Fabri Staatscanzley 24. Th. p. 801. ‒ 815. Von Sartori auserlesene Beyträge in reichsstädtis. Sachen 2. Th. p. 241.

§. 60.

Entgegen hatte das kaiserl. Commißionsdecret 1) vom 23. Julii für die künftige Verfassung der Stadt Donauwörth keine gute Bedeutung, zumahlen selbiges die gewissermassen bedenkliche Stelle enthielte, daß die Liquidation, wegen den von dem Hauß Bayern an gedachte Stadt zu fordern habenden grossen Executionskosten, als derentwegen es selbige innengehabt, vorzunehmen, und in einem Reichsgutachten anzuzeigen seye, auf was Weise dieses von dem schwäbischen Craiß zu veranstallten, und demselben die Stadt Donauwörth, als ein dahin gehöriger Mitstand, vollkommen wiederum incorporirt werden könne.

Da sich nun die Stadt auf ihre Selbsterhaltung nicht verlassen konnte, sondern fremder, nehmlich, des schwäbischen Craises Hülfe alleinig anheimgestellt wurde, so sahe es mit künftiger Beybehaltung der Reichsohnmittelbarkeit schon ziemlich bedenklich aus, angesehen weder kaiserliche Majestät noch das Reich ohne vorläufige Beruhigung des Hauses Bayern mit Erkänntnissen in der Restitutionssache fürzufahren nicht gemeint waren.

1) Von der Römisch-kaiserl. Majestät würklichen geheimen Rath zu gegenwärtiger allgemeiner Reichsversammlung verordneten höchstansehnlichen Principalcommissario und Administrator in Bayern, Herrn Maximilian Carl, des heil. römischen Reichs Fürsten zu Löwenstein Wertheim ꝛc. wird der Churfürsten, Fürsten und Stände des Reichs anwesenden fürtreflichen Räthen, Bothschaften und Gesandten, aus allergnädigst kaiserlichen Befehl, nicht verhalten, und ist ohnedem ganz reichskündig, aus was Ursachen die Stadt Donauwörth in vorigem Sæculo in des Hauses Bayern Besitz gekommen, selbige aber von der jüngstabgelebten kaiserl. Majestät Kaiser Iosepho, allerglorwürdigsten Andenkens, in den vorigen unmittelbahren Stand als eine freye Reichsstadt wieder gesetzet worden seye.

Immaſſen nun dem heil. römiſchen Reich daran gelegen, daß dieſe Stadt dabey gehandhabet werde, es aber bey der im Raſtättiſchen Frieden von der Krone Frankreich bedungenen bayeriſchen Reſtitution darauf ankommen wird, daß die Liquidation wegen der von dem Hauß Bayern an gedachter Stadt fordernder groſſer Executionsunkoſten, als derentwegen es ſelbige innen gehabt, vorzunehmen. Als hat höchſtgedachte kaiſerl. Principalcommißion der Churfürſten, Fürſten und Stände des heil. röm. Reichs anweſenden fürtreflichen Räthen, Bothſchaften und Geſandten ſolches zu dem Ende anzeigen ſollen, um darüber forderſamſt ein Reichsgutachten abzufaſſen, auf was Weiſe dieſes von des ſchwäbiſchen Craiſes wegen zu veranſtallten, und demſelben ſolche Stadt, als ein dahin gehöriger Mitſtand, vollkommentlich wiederum incorporirt werden möge. In welcher Zuverſicht die höchſtanſehnliche kaiſerl. Principalcommißion der Churfürſten, Fürſten und Stände des Reichs anweſenden fürtreflichen Räthen, Bothſchaften und Geſandten mit freundlich geneigten und gnädigen Willen wohlzugethan verbleibet. Signatum Augſpurg, den 23. Julii 1714.

§. 61.

Die Stadt betroge ſich auch in ihrer ängſtlichen Meynung nicht. Dann als es anno 1714. auf den Abſchluß des Baadiſchen Friedens ankame, ſo konnte aller Verwendung ohngeachtet doch nicht erzwungen werden, daß Selbe von der bayeriſchen Bothmäßigkeit freybelaſſen wurde.

Man ſetzte in das Friedensinſtrument, in Betreff der vorwaltenden donauwörthiſchen Reſtitutionsſache mit dem durchlauchtigſten Hauß Bayern, folgenden Innhalt:

Domum Bavaricam, quod concernit, - - virtute hujus Pacis - - Maximilianus Emanuel a Bavaria generaliter et integre reſtituatur in omnes ditiones - - ut et in omnia Jura, quibus ante præteritum bellum frui ſunt, vel frui potuerunt - - et quæ ad - - Domum Bavaricam mediate, vel immediate pertinuerunt. 1)

Dieſe Stelle zoge die ohntrügliche Folge nach ſich, daß die Stadt Donauwörth wiederum unter die bayeriſche Bothmäßigkeit ſich begeben, und dabey bis auf gegenwärtige Zeit verbleiben mußte.

1) Corpus Jur. Publ. Accadem. p. 1241.

§. 62.

§. 62.

Ohneracht nun die Stadt bisanhero unter der bayerischen Landeshoheit verblieben, wird solche doch bey dem schwäbischen Craißconvent immer aufgeruffen, dann in der Craißmatricul, wie auch in den Unterschriften der Craißabschieden nachgeführt. 1) Die Stadt Donauwörth hat auch verschiedene Reichsabschiede, als insonderheit die zu Regenspurg anno 1532. 1557. und 1576., zu Worms anno 1535., zu Augspurg 1551., dann zu Speyer anno 1570. unterzeichnet, 2) und nach der neuesten Usualmatricul bezahlt Churbayern 3) für Selbe das vermög des Reichsschlusses vom 23. October 1775. weiters verwilligte halbe Ziehl mit 152 Rthl. 14 Kr., die daselbst befindliche Reichspflege ist ehemahls durch die Herren, dermahlige Grafen von Fugger vertretten worden.

1) Moser l. c. p. 1115. 2) Vitriarii Corp. Jur. Publ. Tom. II. p. 772. 3) Von Sartori auserles. Beyträge l. c. p. 474.

§. 63.

Als anno 1743. von den Franzosen die bayerischen Landen verlassen wurden, hatten sich 10000 Mann, so ihnen aus Frankreich zu Hülfe kamen, auf dem an der Stadt gelegenen sogenannten Schellenberg sehr stark verschanzet, und durch Zugrundrichtung eines Walds von 100 Morgen Land, der Feldfrüchten, und Gärten der Stadt einen Schaden von mehr dann 100000 Rthlr. zugefügt, welcher bey ihrer Retirade, durch die auf Ordre des Marschalls von Broglio in Brand gesteckte sehr kostbare Donaubrücke, Die zwey Jahr vorhero vom Grund aus neuerbauet worden, sich sehr vergrösserte. Von der Entschädigung, so die Stadt hievor erhielt, ist nichts bekannt.

§. 64.

Ob sich die Stadt Donauwörth von der herzoglich-bayerischen Bothmäßigkeit annoch loßmachen werde, beruhet auf der zwischen dem durchlauchtigsten Hauß, und derselben, nach dem

dem Reichsgutachten von anno 1705. vorzunehmenden Liquidation, in wie weit solche zum Vortheil der Stadt ausfallen möge. Es kann seyn, daß Selbe nicht weit mehr von der gänzlichen Compensation deren Executionsunkosten entfernet seye, wann man betrachtet, a) daß Churbayern bereits solche schon 150. Jahr collectire, b) und daß ihr in dem bayerischen Krieg ein Schade von mehr dann 100000. Thlr. durch die französische Völker zugefügt worden, c) ohne was sie durch andere Alliirte erlitten. Weil aber derley Kriegserlittenheiten gemeiniglich ohne alle Entgeltungen einem jeden Unterthanen aus Vaterlandsliebe zu ertragen sind, so kommt es noch darauf an, ob, und in wie weit das Hauß Bayern die Gegenforderungen der Stadt, wann die Sache je noch einmahl wider Verhoffen zur Frage kommen sollte, für gültig und liquid ansehen würden; da es allerdings das Ansehen hat, daß mit dieser Gegenforderung noch nicht gegen die auf 300000 fl. sich belaufenden Executions= unkosten könne bilanciret werden, worüber kaiserl. Majestät und dem gesammten Reich die Erkänntniß zustehet, und Privat= meynungen hierinnfalls ohnehin keinen Außschlag geben können.

Doch so viel ist gewiß, daß sich Donauwörth, als eine bayerische Municipalstadt, in Ansehung deren Commercien, und des grossen Salzhandels, dann anderer von dem Hauß Bayern verschaften Bequemlichkeiten, in weit grösserm Flor und Auf= nahme würklich befinde, als sie stehen würde, wann sie das wäre, was sie sich zu Ende des vorigen, und Anfang des lau= fenden Jahrhunderts zu seyn gewunschen, zumahl bey denen wenigen ganz catholischen Reichsstädten es an dero Selbster= haltung, wegen verderbter innerlichen Grundverfassung, voll= kommen fehlt, und hieben fast allerdings wahr bleibt, was von denen kleinern Reichsstädten Monzambano 1) schreibt: Minores Civitates Imperiales libertatem magis suam, quam opes possunt Jactare.

1) De Statu Imper. Ger. Cap. II. p. 60.

§. 65.

§. 65.

Am Ende ist nicht ohnbemerkt zu lassen, daß in der zwischen dem Hauß Bayern und der Stadt Donauwörth vorgewesenen Restitutionssache verschiedene Druckschriften zum Vorschein gekommen, wovon hauptsächlich gemeinkündig geworden:

Wahrhafte, unpartheyische Beschreibung, warum, und was gestallt des heil. römischen Reichs Stadt Schwäbischwörth (sonsten Donauwörth genannt) von Ihro kaiserlichen Majestät, Rudolphen dem andern, in die Acht erkannt, darüber von Ihro fürstl. Durchlauchtigkeit, Herzog Maximilian in Bayern, als Executoren, mit Heereskraft überzogen, und letztlich durch Uebergebung den 17. December des zu endlaufenden 1607. Jahrs erobert worden. Gedruckt im Jahr 1608. in 4.

Auf diese Schrift folgte die sogenannte donauwörthische Relation, oder

Gründlicher wahrer Bericht, und beständige kurze Erzählung alles desjenigen, was eine Zeit hero vor, bey, und nach dem wider die Stadt Schwäbisch- oder Donauwörth unlängst angestellten Proceß, Achtserklärung, und darauf erfolgte Execution sich zugetragen, woher auch, und aus was Ursachen solches entsprungen seye. Allen und jeden, so bishero durch ungleiche, verdächtige, widerwärtige Affecte eingenommen, zweifelhaft, oder die eigentliche Beschaffenheit des Verlaufs nicht erfahren können, oder wollen, oder sonst männiglich zu nothwendiger Nachricht, aus getreuen, guten, aufrichtigen Gemüth, der Wahrheit zu steuer, in zwey Theil verfaßt, und in Druck verfertiget, im Jahr 1610. in 4.

Dieser donauwörthischen Relation wurde entgegengesetzt:

Beständige Informatio Facti et Juris, wie es mit den am kaiserl. Hof, wider des heil. römischen Reichs Stadt Donauwörth ausgegangenen Processen, und darauf vorgenommener Execution eigentlich, und im Grund der Wahrheit beschaffen sey: einer in öffentlichen Druck' spargirten famosen Schrift, welche Donauwörthische Relation intitulirt, entgegen gesetzt, männiglich zu besserem Bericht, und Benehmung vieler, wo nicht ungleichen, doch zweifelhaften Gedanken, in zwey Theil abgetheilt, und gleichfalls im vorigen Jahr 1611. in Druck gefertigt: jetzund aber aufs neue übersehen, und mit nützlichen denkwürdigen Observationen gemehrt und gebessert. Gedruckt im Jahr 1612. in 4.

In dieser Schrift wird eigentlich von denen auf 300000. fl. sich belaufenden Executionsunkosten Erwähnung gemacht. Die erste Ausgabe beförderten allschon D. Faber, und D. Müller im Jahr 1611. zum Druck. Die zweyte entgegen ist weit vollständiger. Auf diese Information folgte sonach eine anderweitere, unter dem Titel:

Nothwendige Erinnerung, was bey dem ganz gefährlichen, auf- und ehrenrührischen Scripto, unter dem Titel: Beständige Informatio Juris et Facti, wie es mit dem am kaiserl. Hof ꝛc. zu eines römischen Kaisers, auch aller catholischen Churfürsten und Stände höchstem Unglimpf, Nachtheil und Gefahr mit gesuchter Occasion der donauwörthischen Relation zum andernmahl gedruckt, und allenthalben eingeschleicht worden, wohl in acht zu nehmen, und mit unpartheyischen Gemüth zu bedenken. In zwey Theil verfaßt. Gedruckt Ingolstadt 1613. in 4.

Der zweyte Theil dieser Erinnerung gehört unter die äusserst rare Bücher, wovon Lünig behauptet, daß denen in dem Staatsrecht erfahrnesten Männern solcher niemahls zu Gesicht gekommen. Es lassen sich aber in Bayern, und sonderheitlich in der Universitätsbibliotheck zu Ingolstadt einige Exemplarien antreffen. Alle diese obangezogene Schriften sind in Lünigs Bibliotheca Deductionum I. Th. p. 321. u. s. w. ebenfalls zu finden.

§. 66.

In dem Jahr 1710. und 11. verfiele die Reichsstadt Donauwörth, der Salzniederlage halber, in einen Streit mit dem Churhauß Pfalz, welches in Neuburg und Lauingen eine derley Niederlage anzurichten suchte, und die Sache dieserhalben an den Reichstag kame.

Unter denen Hauptgründen, daß Churpfalz eine solche Niederlage in denen obbemerkten Städten anzulegen nicht berechtigt, wurde von der Stadt Donauwörth angeführt, 1) daß sie in immemoriali Possessione der Salzniederlage halber sich befinde, 2) und dieses nehmliche Niederlagsrecht wäre ihr anno

1705. von der kaiserlichen Administration deren bayerischen Landen gegen eine Erlag von 20000 fl. beståttigt worden.

Der Magistrat zu Donauwörth übergabe mittelst eines pro Memoria in comitiis eine Druckschrift, betitelt:

Reichsstadt Donauwörthische höchstbemüßigte Gegenanmerkungen, und in Jure et Facto bestbegründete Repräsentation, mit Lit. A. B. C. D. E. F. auf das in comitiis von der vortreflichen churpfälzischen Gesandschaft den 18. May 1710. übergebene, und den 23. ejusdem per dictaturam communicirte Memoriale, die donauwörthische Salzniederlage betreffend, de anno 1710.

Von Seiten Churpfalz wurde der Stadt Donauwörth des ohnfürdenklichen Besitzstands halber widersprochen, und behauptet, daß sie vor dem bayerischen Administrationseintritt gar keine Niederlagsbefugniß gehabt, und solche von dem Hauß Bayern solitarie abgehangen seye. Die Präscription wäre von Churpfalz durch mehrfältige Protestationen interrumpirt und vereitelt worden, nebst andern dergleichen Gegensätzen, welche Churpfalz abdrucken liese, unter dem Titel:

Churpfälzische rechtsbeständige Gegendeduction cum Num. 1. 2. 3. 4. et 5. auf die von Burgermeister und Rath der Reichsstadt Donauwörth angemaßte, und so intitulirte in Facto et Jure bestbegründete Repräsentation, die nachgesuchte Retablirung der uralten Salzniederlage in dem Herzogthum Neuburg.

Die Stadt Donauwörth ware aber noch nicht beruhigt, und setzte Widerlegungsweise entgegen:

Reichsstadt Donauwörthische in Jure et Facto gegründete fernere Repräsentation, mit Lit. G. bis EE. aus höchstbringender Noth, doch mit unterthänigst geziemenden Respect, der so intitulirten churpfälzischen rechtsbeständigen Gegendeduction contraponirt, die Vertheidigung der donauwörthischen Salzniederlagsgerechtigkeit betreffend. Gedruckt in Fol. 1711.

Es sind sowohl die Nachrichten, als auch die Beylagen dieser Deductionen, in der Salzniederlagssache, wobey es Churpfalz salvo Jure bewenden liese, in Fabers Europ. Staatscanzley

canzley 17. Th. p. 292. und 18. Th. p. 290. ‡ 333., dann in dem Welt- und Staatsspiegel 2. und 3. Band p. 296. und 1121. ausführlich enthalten.

Man hätte von ein und anderen Vorfallenheiten zwischen der Stadt Donauwörth und der Abtey zum heiligen Creutz, der dortigen Reichspflege, und der deutschen Ordens Comende, dann dem ohnweit von der Stadt gelegenen Reichsstift Kaisersheim, und anderen Benachbarten verschiedene Nachrichten liefern können, welche aber, in Ansehung sie mit der Staatsgeschichte der Stadt Donauwörth keinen nöthigen Zusammenhang haben, und das Publicum dabey nicht interessirt ist, ohnrecensirt belassen worden.

In des Verfassers Händen befinden sich von donauwörthischen Angelegenheiten sehr viele Deductionen in Ms^{cto}, wovon nur nachstehende anzuführen für nöthig erachtet worden:

1) Deductio in Causa Jurisdictionis eines Freyhaus, id est des Richterhauß zu Donauwörth. 1709.
2) Rechtliches Bedenken und Deductio Juris et Facti in puncto Jurisdictionis das Dorf, und Burg Münster, zum Kloster des heil. Creutz in Donauwörth gehörig. 1709.
3) In Facto et Jure gegründete Deduction, die zwischen dem Gotteshauß zum heil. Creutz in Donauwörth, und dem Fürstenthum Neuburg in beyden Pfalzneuburgischen Landgerichten Graysbach und Höchstett strittige Besteurung, jährliche Zinsen, Gülten, Zehenden, und anderen Einkommens betreffend. 1710.

Was man von dem Schicksal der Stadt Donauwörth in dem 25. Th. der Europäischen Reichs-Fama p. 884. findet, ist sehr unrichtig, ausserdeme sich auch zur Geschichte dieser Stadt an anderen Stellen wenig oder gar nichts Brauchbares antreffen läßt.

Druckfehler. Seite 61. Zeile 19. Statt Execuutionsskosten, lese Executionskosten. Seite 69. Zeile 17. statt Politici, lese Politicis. S. 88. Z. 14. statt würden, lese würde.